特別支援教育サポートBOOKS

困難を抱える
子どものための

専門家
コーディネーター
と効果的に連携する!

伝わる
アセスメント
シートの
書き方

勝浦 眞仁 著

明治図書

JN040197

はじめに

　本書は，小学校の通常学級に在籍している教育的支援を必要とする児童を担当する担任はじめ教師が，特別支援教育の専門家と相談していくときに，どのような記録を専門家に伝えていくと，児童にとってより生活のしやすい学校になっていくのか，支援がより充実していくのかを考える１冊になっています。

　筆者は専門家チームの１人として各地域の様々な学校現場を訪れ，幼稚園・小学校・中学校で延べ300人近い支援を必要とする児童の相談を行ってきました。その中から小学校の事例42ケースを提示し，支援を考えていくためのテーゼを示しています。さらに，このテーゼをカテゴリー化し，専門家との相談で活用できる３つの観点と６つのアプローチを提唱しました。

　学校現場で実際にあったリアリティーのある相談事例を基にしましたので，特別支援教育に携わる先生方にとって，これからの支援のヒントになるものをたくさん見つけていただけるのではないかと期待しています。

　また，特別な教育的支援を必要とする児童への支援の中心的な役割を担っている担任のみなさんが，１人でその負担を背負いすぎることなく，専門家と一緒に支援を考え，相談していくためにはどうしたらよいのかも解説しました。専門家が学校に巡回し，対象となる児童の支援について検討する機会をつくってこそ，真に求められる児童に対する支援になっていくとともに，学校というチームとしての対応ができることにつながっていきます。

　第２章の事例については，最初からでも興味あるところからでも読み進めていただければと思います。また，カテゴリーに基づき，みなさんが出会った児童に近い事例から読み進めていただいても構いません。みなさんがこれまで出会ってきた，特別な教育的視点が必要な児童と重なるケースも多くあると思います。実際の相談事例に基づいて導き出されたテーゼやアプローチであり，みなさんがこれから出会う児童への支援に役立つ視座となるはずです。

　2024年３月

勝浦　眞仁

CONTENTS

B　気持ちの表出に課題のある児童

C　学習面に課題のある児童

D　教師のかかわり・連携に関する困難

Chapter
3

教師と専門家との協働による 特別支援教育の充実

Chapter 1

特別支援教育の専門家が教師と相談するときに考えること

1

通常学級に在籍する特別な教育的支援を必要とする児童と支援の現状

❶ 特別な教育的支援を必要とする児童とは

　通常学級に在籍する特別な教育的支援を必要とする児童とはどのような児童なのでしょうか。その現状について確認していきましょう。

　2022年12月に文部科学省から「通常の学級に在籍する特別な教育的支援を必要とする児童生徒に関する調査結果について」が公表されました。公立小中学校の通常学級に在籍する児童・生徒のうち，発達障害に近い状態像があると教師が判断する子どもの割合が8.8％であることが報告されました。単純比較はできませんが，10年前に行われた同様の調査結果よりも2.3％増えており，35人学級で考えると３人程度が該当すると考えられます。

　図１に示される調査結果をみていくと，学習面の困難を抱えている割合が6.5％，行動面の困難を抱えている割合が4.7％，学習と行動面で重複した困難を抱えている割合が2.3％であり，こちらも単純比較はできませんが，すべての項目において，前回の調査よりも１％から２％の増加がみられました。

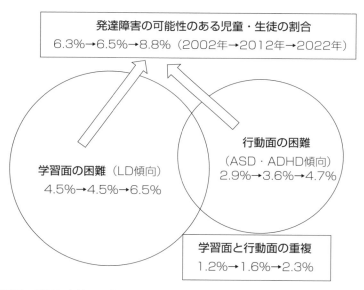

図１：通常の学級に在籍する特別な教育的支援を必要とする児童生徒に関する調査結果について

さらに，今回は学年別の結果も公表されました。小学校で10.4%，中学校で5.6%の割合で特別な教育的支援が必要とされており，学年が進むごとに割合が下がっていく傾向が見られました。特に小学1年生から3年生までは12%前後の数値を示しており，特別な教育的支援の必要性の高い児童が潜在的に多くいるといえます。

　割合が増加した要因について，発達障害のある児童・生徒が増えているのではなく，教師や保護者の発達障害への理解が進み，その特性をもつ児童・生徒に気づきやすくなった結果であるといわれています。今まで見過ごされてきた，学校生活に様々な困難のある子どもたちに，より目を向けられるようになったことは，特別支援教育が進んでいく中で評価されるべきことでしょう。

　第2章の相談事例においても，通常学級に在籍しており，落ち着きがないと感じられる子どもや，学習への意欲が乏しいようにみえる子ども，コミュニケーションに難しさが感じられる子どもなど，教師からして学校生活に何らかの困難を抱えていると考えられ，特別な教育的支援を必要する児童を取り上げています。こういった児童について，発達障害の診断がついていることを前提とはしていませんが，誰にでもある発達上の特性（以下，発達特性とします）があると考える立場を本書ではとります。自閉スペクトラム症を例に，図2に基づいて発達特性という考え方を述べていくこととします。

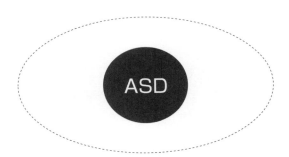

図2：自閉スペクトラム症（Autism Spectrum Disorder）を例にした発達特性の概念図

　これまでの特別支援教育は発達障害の診断がある児童を対象としたものが中心で，図2でいえば，中央の円に囲まれている自閉的傾向が強く，医学的に見て障害（Disorder）があるとされる状態の児童についての支援が検討されてきました。しかし，いまの学校現場で教師の頭を悩ませているのは，発達障害の診断はないものの，その傾向が強くみられる児童への支援ではないでしょうか。図2の中央の円の内側には入らないものの，点線で囲んだ円の内側に入っ

てくる層の子どもで，自閉的傾向が強いものの Disorder にまでは至らない児童です。さらに
いえば，点線で囲まれた円の外側には自閉的傾向が弱い層の児童がおり，自閉症傾向に係わる
面からは支援の必要性がほとんどないと考えることができます。

　この観点からすれば，大なり小なり誰もが発達特性を持っていると考えることができます。
その背景には，生まれながらにして特性を持っている場合もあれば，家庭環境等の育ちの中で
身につけてきたものもあるでしょう。本書では，発達障害の有無にかかわらず，発達特性が強
く出ているために学校生活に何らかの困難の生じている子どもを特別な教育的支援が必要な児
童と考え，その支援について検討した事例を提示していきます。

❷ 通常学級に在籍する特別な教育的支援を必要とする児童に対する支援の現状

　では，通常学級に在籍する特別な教育的支援を必要とする児童に対する支援は十分に行われ
てきたのでしょうか。先に提示した文部科学省の調査結果から現状を見ていきましょう。図3
と図4をご参照ください。

　校内委員会において特別な教育的支援が必要と判断された児童生徒について「授業時間内に
教室内で個別の配慮・支援を行っているか」という質問に，「行っている」と回答した割合が
77.5％でした。具体的には，教室内の座席位置の配慮やコミュニケーション上の配慮，本人
の習熟度に応じた配慮や課題の工夫などが挙げられています。約8割の教師が授業時間内に
様々な配慮や支援をしていることが分かります。残りの2割については，配慮や支援が届いて
いない可能性もありますが，休憩時間や給食の時間，登下校のときなど，授業時間ではない時
間での配慮や支援が行われているなどの可能性もあります。

　そこで，関連する調査結果を次に見ていったところ，「授業時間以外の個別の配慮・支援を
行っているか」という質問について，「行っている」が49.1％，「行っていない」が47.3％とい
う結果でした。また，「授業時間内に教室以外の場で個別の配慮・支援を行っているか」とい
う質問について，「行っている」が30.7％，「行っていない」が65.6％という結果でした。

　児童がクールダウンをしたり，特別支援教育支援員（以下，支援員）やティームティーチン
グ（以下，ＴＴ）の教師が学習面の補いをしたりするといった，授業ではないところでの配慮
や支援が十分になされているわけではないようです。これらの結果から，個別の配慮や支援を
行っているのは，特別な教育的支援を必要とする児童の学級担任等が中心であり，基本的に授
業時間内に行われていると考えられます。

　加えて，教育的支援の必要性が高いとされる8.8％の小中学生のうち，「校内委員会」で，
特別な支援が必要と判断されたのは28.7％であることも報告されました。この結果を裏返せば，
校内で支援の検討自体されていない児童生徒が約7割もおり，チーム学校として組織的，計画
的に校内支援体制が構築されているわけではない現状も浮かび上がってきます。

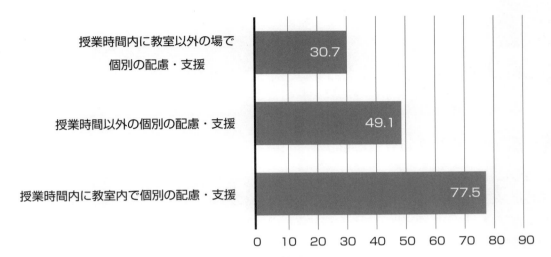

図3：個別の配慮と支援の実施状況

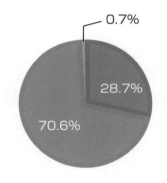

■ 必要と判断されている　　　■ 必要と判断されていない
■ 不明

図4：校内委員会において，現在，支援が必要と判断されているかどうか

　今回の文部科学省の調査結果からは，通常学級において教師が支援の必要性を感じながらも，支援や配慮の手が届いていない状況にある児童が現場にはまだまだいるということができます。さらに，特別支援教育の知識がある教員が少ない状況において，特別な教育的支援を必要とする児童への支援や配慮は，その児童の学級担任等の特別支援教育に対する力量や裁量にかかっている状況にあるといえます。先生一人ひとりの努力に頼り，学校として組織的な対応が十分でない現状を脱し，学校全体での取り組みやそれを支える仕組みが，今後ますます求められていくと考えられます。

　学校として特別支援教育に関する組織的な対応の1つに，専門家に意見や助言を求める取り組みがあります。次節では，専門家に相談する意義や，具体的な取り組みについて紹介していきます。

2

専門家に相談する意義とその手続き

❶ 専門家に相談する意義とは

　2012年に「日本の義務教育段階の多様な学びの場の連続性」（図5）が文部科学省から示されました。これによれば，小・中学校において，通常の学級，通級による指導，特別支援学級，特別支援学校といった連続性のある多様な学びの場を用意しておくことが必要であり，「同じ場で共に学ぶことを追求するとともに，個別の教育的ニーズのある児童生徒に対して，自立と社会参加を見据えて，その時点で教育的ニーズに最も的確に応える指導を提供できる，多様で柔軟な仕組みを整備することが重要である」とされています。

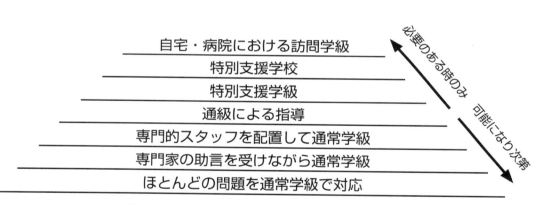

図5：日本の義務教育段階の多様な学びの場の連続性

　図5の基底にある通常学級では，特別な教育的支援を必要とする児童がクラスの児童たちと共に学ぶことを目指したかたちが3つ示されています。このうちの1つに，「専門家の助言を受けながら通常学級」に在籍している特別な教育的支援を必要とする児童に対する支援があります。筆者はこの枠組みにある専門家チームの1人として，実際に学校を巡回し，相談を受けてきました。

　では，専門家チームとはどのような立場の人で，専門家に相談することにどのような意義があるのでしょうか。

まず，専門家チームは教育委員会に設置されており，教育委員会の職員，特別支援学級・通級指導教室の担当教員，通常学級の担当教員，特別支援学校の教員，心理学の専門家，医師等から構成されます。さらに，福祉関係者，保健関係者，対象となる児童生徒が在籍する学校の特別支援教育コーディネーター，保護者等が必要に応じて参加できる仕組みになっています。筆者は特別支援教育を専門とする大学教員という立場にあり，公認心理師および特別支援教育士の資格を所持していたことから，各地域の専門家チームに加わることができました。

　専門家チームの目的として大きいのは，学校からの申し出に応じてLD・ADHD・自閉症等の発達障害か否かの判断をすること，および，対象となる児童生徒への望ましい教育的対応について専門的な意見の提示や助言を行うことの2つです。また，上記の2つに加えて，学校の支援体制についての指導や助言，保護者・本人への説明，校内研修への支援等も役割として挙げられます。発達障害ではないと判断された場合，あるいは他の障害を併せ有するような場合にも，どのような障害あるいは困難さを有する児童生徒であるかを示し，望ましい教育的対応について専門的な意見を述べることも期待されています。

　専門家チームの活用については，地域によって違いもあると考えられますが，筆者の場合は，巡回相談員をしている各地域の特別支援学校のコーディネーターと共に，実際に学校現場を巡回し，特別な教育的支援を必要とする児童の授業場面を観察した後に，その児童の担任や各学校の特別支援教育コーディネーター等と共に検討が行われてきました。

　そこでは，これまでの対象児童に関する記録が確認されるとともに，担任の抱えている悩みについても共有され，今後の支援についての方針や手立てについての意見交換がなされてきました。さらに，学期に1回のペースで学校を訪問し，支援の方針が適切であったかどうかや，手立てが機能しているのかを確認します。上手くいっていない場合には，修正・改善点を検討していくことになります。このように，特別な教育的支援を必要とする児童一人ひとりのニーズを継続的に把握し，求められる支援内容と方法を明らかにすることが専門家に相談する意義といえます。

❷ 専門家に相談するための手続き

　冒頭に示した2022年の文部科学省の調査において，「専門家（特別支援学校，巡回相談員，福祉・保健等の関係機関，医師，スクールカウンセラー（SC），作業療法士（OT）など）に学校として，意見を聞いているか」という質問が，今回はじめて追加されました。その結果は，「定期的に聞いている」が14.8%，「聞いていない」が73.5%，「過去に聞いたことがある」が11.2%というものでした。全体として，これまでほとんど活用されてこなかったようです。

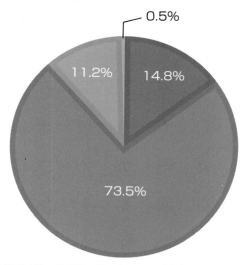

0.5%

11.2%　14.8%

73.5%

■定期的に聞いている　■聞いていない　■過去に聞いたことがある　■不明

図6：専門家に学校として，意見を聞いているかどうか

　その背景には，特別な教育的支援を必要とする児童を担うことになった担任に支援の大部分が任されているところが多くあったでしょうし，校内委員会等で情報や支援方針を共有していくことによる学校としてのチームによる支援という意識が薄かったことがあります。専門家に相談する仕組み自体が十分に周知されていなかった可能性や，専門家に頼ることなく，できる限り学校内で支援をしていこうとする学校の方針もあったかもしれません。

　しかし，今回の調査において，専門家に関する質問項目が追加されたことに示唆されるように，特別な教育的支援が必要な児童への指導や支援，配慮が充実していくためには，教育関係者だけでなく，福祉や保健，医療，心理等の関係機関にいる専門家との連携，協働が重要となります。

　では，どのようにして専門家と相談していけばよいのでしょうか。専門家に相談をする仕組みについても，地域によって様々な形態があると考えられますが，一般的な手続きについて述べておくこととします。まず，特別な教育的支援を必要とする児童の在籍する学校の特別支援教育コーディネーター等が，教育委員会等に専門家チームによる支援を申請するかどうかを，対象となるクラスの担任等と相談します。そして，申請するとなった場合，申請書を教育委員会等に提出することになります。

　その後，地域の特別支援学校のコーディネーターや教育センターの主事等が学校等に巡回して対象児童の観察を行ったり，対象児童の状況を記録としてまとめたりなどします。その後，学校等が抱えている課題や支援ニーズ，支援の内容や方法について学校等と打ち合わせを行い，まとめられた記録が専門家チームに送られます。

　専門家チームではその記録を基に支援について検討されます。多くの地域においては，課題

やニーズに応じた専門家チームのスタッフが学校を訪問し，相談が行われているようです。ケースや状況に応じて，専門家が継続的に学校等を訪問し，相談や支援方針の検討を行っていくこともあります。ここまでをまとめたものが図7になります。

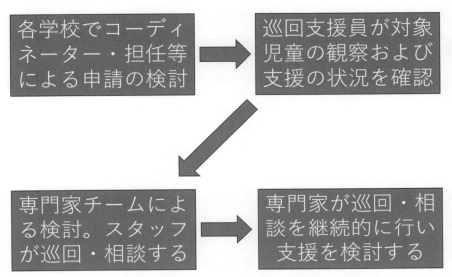

図7：専門家チームに相談するための手続き

　特別な教育的支援を必要するとする児童への対応に悩まれながらも，1人で抱えていることが多かった教師のみなさんに，専門家への相談が可能であることをぜひ知っていただければと思います。コーディネーター等と相談して，申請を検討してみてください。

　また，校長・教頭はじめ管理職のみなさんが，専門家を活用することをぜひ後押しする体制を取っていただけることも願っています。相談後に，考えが整理され，気持ちが多少なりとも楽になった教師は多くいます。さらに，若手の教師にとっては，特別支援教育に対する理解を深める機会になるだけでなく，日々の教育活動を振り返る契機となりえます。

　ここまで，専門家に相談する意義と相談するための手続きについて述べてきました。次章から，実際の相談事例を示していくこととしますが，その提示方法を次節でお示しします。

3

特別支援教育の相談事例に専門家が向き合っていくために

❶ 筆者が学校現場に臨むプロセス

　第2章で提示する相談事例は，筆者が専門家チームの1人として小学校の現場に巡回し，出会ってきた，特別な教育的支援を必要とする児童に関する資料から作成したものです。

　この資料は，児童の担任または学校のコーディネーターが記録したもので，対応に困っている児童の姿，学習面や行動面における学校での普段の様子，家族や家庭環境，保護者の思い，ＷＩＳＣやＫＡＢＣ等の知能検査等の結果，学校の支援体制，担任を中心とした支援方針等が記載されています。この資料を本書ではアセスメントシート（Assessment Sheet）とします。

　アセスメントシートは事前に筆者に送付され，内容を十分に確認した上で，学校現場に臨みます。そして，コーディネーターや巡回支援員と打ち合わせをした上で，特別な教育的支援を必要とする児童のクラスの授業を1限分観察します。特に，教師が対応に困っている児童の姿が表れた場面があれば，しっかりと観察していきます。また，学校での対応に困っている姿が表れなかったとしても，普段の授業の様子を見ることで，児童が苦手なことや得意なことが分かるときもあり，気がついたことはできるだけメモをとるようにしていました。

　さらに，クラス全体の人数や雰囲気，教師の子どもたちに対するかかわり，支援員やＴＴの有無を確認するとともに，掲示されている児童の作品や時間割が書いてある黒板，ランドセル等が入っているロッカーの状況など教室環境を確認するようにしています。教室環境には児童の理解や支援につながるヒントが数多く埋もれているからです。

　そして，授業を観察した後に，クラス担任・コーディネーター・巡回支援員・専門家である筆者の4名を基本として，別室で検討会が行われます。アセスメントシートや授業の観察，担任による補助的説明を包括的に踏まえて，特別な教育的支援を必要とする児童一人ひとりのニーズはどこにあるのか，そのニーズに対して求められる支援方針と手立ては何かを議論していきます。

　支援の方針と手立てが決まれば，担任を中心に学校関係者が実践してみることとします。その支援が上手くいくようでしたら続けていくことになりますし，上手くいっていない場合には，大なり小なり修正や改善を加えて，対象となる児童にとってより適切な支援を検討していきます。

　次に，専門家が学校現場をみるときの視点を提示していくこととします。

❷ 学校現場をみるときの専門家の４つの視点

　専門家といっても立場は様々にあります。教育関係者だけでなく，児童発達支援センター等の福祉や医療の関係者，言語聴覚士や作業療法士といった資格を持つ方や心理職の方などの場合もあります。発達障害に関する知見や個別の支援計画やチーム学校としての対応に関する理解など前提となる資質はありますが，専門家チームとしての統一的な見方をもって学校現場に臨んでいるわけではありません。専門家はそれぞれの知見から特別な教育的支援を必要とする児童のニーズの把握や支援に還元できることを願っています。

　ですので，ここでは専門家の統一的な見方を示すのではなく，筆者の場合にどのような視点から学校現場をみてきたのかを述べていくこととします。筆者は小学校や中学校で，発達障害のある児童生徒に特別支援教育支援員としてかかわった経験があり，その経験を基盤として発達障害の理解と支援に関する研究をしてきたことから，以下の４つの視点で学校現場をみてきました。第２章の相談事例に対する改善ポイントや包括的な支援ポイントを読んでいただけると，これらの視点が含みこまれていることがご理解いただけるのではないかと思います。

　特別支援教育にかかわる教師のみなさんに教えていただきたいところは，以下の通りです。

①　特別な教育的支援を必要とする児童の行動を丁寧に読み解くために

　特別な教育的支援を必要とする児童の様々な行動には，必ず何らかの理由があると考えます。子ども自身の抱えている特性によって生じている行動もありますが，それだけが原因ではありません。ストレスなどの心理面や，教室にある刺激など環境面から考えていくことも必要です。特別な教育的支援を必要とする児童の行動を丁寧に読み解き，深い子ども理解をしていくために，行動の起こる前後の文脈やその子なりの立ち直り方をみなさんに教えていただきたいです。

②　教師の働きかけの意図を読み解くために

　特別な教育的支援を必要とする児童の行動に困っている教師は，それまでに様々な意図やねらいをもって，その子とかかわってきているはずです。専門家の巡回が必要なケースでは，先生が試行錯誤しているものの，子どもの状態が安定しない相談があがってくることが多くあります。教師の働きかけの意図に，特別な教育的支援を必要とする児童とかかわるヒントがあると考えています。ぜひ，みなさんが働きかけを考えたプロセスを教えてもらえればと思います。

③　学校の支援体制を整える

　特別な教育的支援を必要とする児童の学校生活が上手くいっていないときに，担任はその責任を背負ってしまいがちです。しかし，本来はチーム学校として支援に取り組むべきであり，担任の負担を軽減していくべきです。学校の支援体制が整っていないならば，専門家はコーデ

ィネーターを通して，管理職等に要望を伝えていく必要があります。ぜひ，みなさんが望む環境や支援の要望を率直に教えてください。

④　保護者を支えるために必要なことを考える

　担任と専門家とが相談していると，特別な教育的支援を必要とする児童を育てる保護者の話が毎回上がってきます。支援を考えていく上で重要な存在です。昨今，様々な家庭環境があるとともに，知能検査等を受けることに抵抗を感じる保護者もいます。特別支援学級等に行った方がよいのかと悩むケースも多くあり，特別な教育的支援を必要とする児童の学びにとって何が望ましいのかを保護者と一緒に考えるのに必要な観点を検討するために，みなさんと保護者とのこれまでのやりとりを教えてください。

　筆者の場合ではありますが，以上の４つの視点から，特別支援教育の相談事例に向き合ってきました。この相談事例の提示方法について，最後に示します。

❸　相談事例の提示方法

　第2章では，特別な教育的支援を必要とする児童の担任を中心に，学校として困っていることにたいしてアセスメントシートを基に焦点をあて，どのように相談が展開されていったのかが分かるようにすることを心掛けました。

　まず，事例の最初に Case の題目が示されています。専門家チームとして学校を巡回する前に頂いたアセスメントシートを検討した上で，相談を受けた事例のどのような行動や状況に焦点があたっているのか，その中心的な内容を表す題目を端的に示しました。そして，焦点を当てている行動と関連する記録を「Before」として取り上げました。

　次に，専門家の立場から，筆者が記録を読んだときにより詳しく知りたいと考えたことを「専門家に状況を伝えるための改善ポイント」として示しました。そこでは，記録から筆者に理解できたことや，場の状況や特別な教育的支援を必要とする児童の背景，担任の先生のかかわりや環境設定の背景や意図についてのコメントや疑問点を述べています。「Before」の記録では十分には分からなかったこと，より知りたい内容を記しました。

　そして，それらがより伝わるかたちで記録として残すにはどうしたらよいのかを示すために，加筆・修正を行った記録を「After」として提示しました。みなさんにおかれましては，この「After」のかたちで今後の記録を残していただければ，専門家との対話において，有意義な検討につながっていくことが期待されます。

　次に，筆者が実際に学校現場を訪れ，アセスメントシートに記録されていた児童の授業場面を観察した結果を記しています。小学校の低学年の相談事例が多くなってしまったため，国語や算数の時間が多めになっていますが，中学年や高学年では，社会や理科，体育の授業などを

観察した場面もあり，様々な授業場面が取り上げられています。基本的には前段では，筆者に観察された客観的な事実を述べ，矢印以降の後段では，筆者に感じられたことや気がついたことなど，メモに残されていたことを中心に考えていたことを述べました。これに加えて，背景メモとして，アセスメントシートに述べられていた対象児童に関する情報や，相談の中で担任やコーディネーターが語られたことを加筆し，対象児童の背景を深められるようにしました。

　背景メモの１つ目として，〈学校での様子〉を取り上げており，対象児童の学習面の状況や性格，得意なこと・苦手なこと，周りの児童とかかわっている様子，机周りの環境などを述べています。２つ目として，〈背景情報〉を取り上げており，家庭の状況や発達検査，知能検査の実施状況，保護者の対象児童に対する考え方，ＴＴや支援員の配置，スクールカウンセラー（以下，ＳＣとします）などの学校としての支援体制，対象児童に対する支援について担任が意識していること，実践していることなどを述べました。

　ここまでの記録や観察，背景情報を包括的に踏まえて，焦点化されている行動や状況に対して，どのようにアプローチしていくのかを「専門家からのアドバイス」として述べました。そして，対象児童の担任・児童の学校のコーディネーター・地域の特別支援学校の巡回支援員，専門家である筆者との相談の中で浮かび上がってきたテーゼを Point として示しました。

　さらに，そのテーゼがなぜ大切なのかを解説しています。２節で述べた４つの視点を複合的に検討することを通して見出された観点で，対象児童に対する理解に基づくアプローチや担任だからこそできる支援，環境を活かした支援のあり方を提言しています。詳しい内容は，第３章で示します。

　加えて，包括的な支援ポイントとして，テーゼの中では収まり切れなかった相談内容を示し，それに対する回答を述べています。先の４つの視点に基づき，特別な教育的支援を必要とする児童へのさらなる対応，学校の支援体制を整える観点からのコメント，保護者を支えるために必要となる支援等を検討しており，相談事例をより発展，応用させていくことができます。

　以上が，第２章以降の相談事例の提示方法となります。なお，本書で紹介する相談事例は，筆者が複数の地域で行ってきた専門家チームでの実際の事例を基にしていますが，プライバシーを保護する観点から，児童の名前はすべて仮名です。また，相談内容や児童の状況が似ている事例については，相談の本質が損なわれないように留意しながら，若干の事例の混合や修正を加え，地域や人物が特定されないようにいたしました。

　相談事例は，Ａ）衝動性に課題のある児童，Ｂ）気持ちの表出に課題のある児童，Ｃ）学習面に課題のある児童，Ｄ）教師のかかわり・連携に関する困難の４つのカテゴリーに分類し，Ａから順番に，低学年から高学年に向けて事例を提示していきます。ＡからＤのどのカテゴリーに属しているかは，事例の左端に示しておりますので，ご参照ください。

　ここまでを表にしたのが，表１となります。相談事例を読み進めていく上で，参考にしていただければ幸いです。

Case

相談を受けた事例の中心的な内容を表す題目

Before（Assessment Sheet）

焦点を当てている行動と関連する記録

専門家に状況を伝えるための改善ポイント

記録を読んだときにより詳しく知りたいと考えたこと

・記録から筆者に理解できたこと　・場の状況や特別な教育的支援を必要とする児童の背景

・担任の先生のかかわり　　　　　・環境設定の背景や意図

After（Assessment Sheet）

専門家により伝わるかたちで記録として残すために，加筆・修正した記録

専門家の観察シート

アセスメントシートに記録されていた児童の授業場面を観察した結果

・観察された客観的な事実

・メモに残されていたことを中心に考えていたこと

背景メモ

アセスメントシートに述べられていた対象児童に関する情報

相談の中で担任やコーディネーターが語られたこと

〈学校での様子〉

対象児童の学習面の状況や性格，得意なこと・苦手なこと，周りの児童とかかわっている様子，机周りの環境

〈背景情報〉

家庭の状況や発達検査，知能検査の実施状況，保護者の対象児童に対する考え方，ＴＴや支援員の配置，ＳＣなどの学校としての支援体制，対象児童に対する支援について担任が意識していること，実践していること

専門家からのアドバイス

焦点化されている行動や状況に対するアプローチ

包括的な支援ポイント

相談事例のより発展，応用的な支援ポイント

・特別な教育的支援を必要とする児童へのさらなる対応

・学校の支援体制を整える観点からのコメント

・保護者を支えるために必要となる支援

表１：相談事例の項目と内容一覧

Chapter
2

Before & After で学ぶ
支援が充実するための伝わる
アセスメントシートの
書き方

注意されると気持ちが高ぶりトラブルになる小学1年生のミナト
児童の困っていることを外在化してみよう

Before

Assessment Sheet

何か注意を受けると気持ちが高ぶってしまい，すぐに謝れないためにトラブルになってしまいます。友だちの気持ちを汲み取ることが苦手です。

専門家に状況を伝えるための改善ポイント

　トラブルがあったときに，ミナトが謝れるようになることをゴールにするのは，教師にとってもミナトにとっても逃げ道がなくなり，苦しくなってしまうのではないでしょうか。多くの場合，トラブルは「お互いさま」です。一方的に悪いとされてしまうとミナトの気持ちが高ぶり，さらなるトラブルが引き起こされる悪循環に陥りそうです。

　一方で，友だちの気持ちを汲み取ることが苦手な面もあるのでしょう。どういったところにその苦手さを感じるのかを伝えてみてください。

After

Assessment Sheet

何か注意を受けると気持ちが高ぶってしまい，友だちに言い返すことでトラブルになってしまいます。相手の発言を待てないなど，友だちの気持ちを汲み取ることが苦手です。

専門家の観察シート

〈授業場面を観察すると〉

　国語の試合の授業を観察する。担任の問いかけに積極的に発言しようとはしているが，担任が児童を当てる前に答えを言ってしまった。また，なかなか当てられないと，「先生，当てて！」と大きな声を出して，見てもらおうと必死に手を挙げていた。

→授業に参加しようとする意欲が強く，学習もよく理解できている。一方で，周囲の子どもたちはミナトの様子に戸惑っているようで，やりとりが見られない点が課題である。

背景メモ

〈学校での様子〉

・学力は高く，字も丁寧に書いており，学習で困ることはない。外遊びも好きである。

・頑固で空気を読めないことがある。また，時間を守ることができないなど，順序立てて行動することが苦手である。

・恐竜，宇宙，絶滅動物については，図鑑を暗記してしまうほど好きである。お絵かきや塗り絵も得意である。タブレット学習で夢中になるとやめられなくなる。

〈背景情報〉

・家族構成は，父，母，弟との4人家族で，父は海外に単身赴任中。家庭では母も困っている様子。知能検査でIQが127だった。医療機関からASD，ADHDの傾向があるとされる。

・言われたことを忘れてしまうので，やるべきことを紙に記し，テープで机に貼るようにしたところ，やれることもあった。保護者にも了承をえている。

・校内ではケース会議にかけ，上手にできたことや頑張っていることは褒める，注意した理由を分かりやすくして何度も伝えるなど，支援の共通理解を図っている。

  専門家からのアドバイス

Point 児童の困っていることを外在化してみよう

　昨今，ギフテッドが知られるようになってきましたが，ミナトにも同じような傾向が見られます。つまり，学力が高く，日々の授業内容自体を簡単と感じている一方で，対人関係の面には課題があり，特に周りの友だちとのコミュニケーションが上手くいっていないようです。ミナトが言い返してしまうのは，どうすれば仲良くなれるのか困っているのかもしれません。

　ミナトの意欲を損ねることのないように留意しながら，友だちとのやりとりの中で困っていることを目に見えるかたちにしていくことが必要です。自分勝手な行動とするのではなく，その行動の背景にある止めがたい衝動など，本人の困っていることを外在化していきましょう。

包括的な支援ポイント

・時間を守ったり，順序立てて行動できたりするにはどうすればよいでしょうか？
　⇒スモールステップが重要です。恐竜カードのように，興味のある内容を活用しましょう。

・学力が高いために，授業での待ち時間が長くなっています。何か対策が必要でしょうか？
　⇒好きな図鑑を読むなどもよいのですが，発展的課題の提供も個別最適な学びといえます。

・保護者の困り感にどのように寄り添っていけばよいでしょうか？
　⇒SCと協力し，母親の困り感を和らげることはよい影響をもたらします。

細かく指示をしすぎるとイライラしてしまう小学1年生のヒロト
児童も教師も余裕が持てる環境を創っていこう

Before

Assessment Sheet

全体での指示が通らないため個別に伝えていますが，細かく指示をしすぎるとイライラする様子を見せます。

専門家に状況を伝えるための改善ポイント

　手立ての1つとして，スモールステップで児童に活動内容を伝えていくことは大切なのですが，それが細かすぎる場合には情報過多となり，ヒロトのようにイライラしてしまうケースもあることが分かります。

　全体での指示はどこまで通っているのでしょうか。また，イライラしていると教師が感じる理由は何かありますでしょうか。どの程度の指示であれば，ヒロトにとって許容できる範囲なのかを探っていきたいところです。

After

Assessment Sheet

　全体での指示はほとんど理解できていないため個別に伝えていますが，細かく指示をしすぎると，集中力が続かず，机に伏せてしまいます。

専門家の観察シート

〈授業場面を観察すると〉

　国語の授業を観察する。全体への指導の後に，担任はヒロトに個別に指導をしている。ひらがなの学習であったが，書き順通りに書けていないようで担任が繰り返し指導を行っている。授業後に書いたものを見せてもらったが，形にはなっていた。

→繰り返しの指導には取り組むことができていることが分かった。書き順は正しくないが，書けてはいる。本人のペースを守りつつ，指導していくのがよいかもしれない。

〈学校での様子〉

・学力は低くはない。学習をやり始めると周りが見えなくなり，名前を呼んでも反応しないことがある。絵を描くときに色の塗り方やお道具箱のしまい方にこだわりがあった。

・担任に伝えなければいけないことや，大切なことはしっかりと伝えてくれる。褒められたり，前向きな声かけをされたりするとうれしそうな様子を見せる。

・周りの子どもに自分からはかかわっていかないが，友だちとかかわることが好きではある。気持ちが不安定なときには，落ち着くまで待つなどして対応している。

〈背景情報〉

・家族構成は，母，姉，祖母との４人家族。発達検査等は受けていない。上履きが古いものを使用していたり，体操服がもらったものになっていたりして，生活環境に留意している。

・暑さが苦手なようで，涼しい季節の方が安定している。

・行動面や情緒面で，通級等を活用した方がよいのか校内で検討しているが，保護者とはまだ話せていない。

 専門家からのアドバイス

Point 児童も教師も余裕が持てる環境を創っていこう

　細すぎる指示に対しては，集中力が続かない様子を見せますが，繰り返しの指導は聞き入れ，取り組むことができています。逆に集中しすぎるとこちらの声が届きにくくなるようです。こだわりと思われる姿もあります。ある面では集中がしづらい様子を見せますが，ある面では過度に集中する姿もあり，両極端な姿が見られます。

　集中して取り組めているかどうかも大切ですが，ヒロト自身が楽しみながら学べているのかが気になるところです。ヒロトの興味のあるものや，教師や友だちとのかかわりを取り入れながら，こちらも余裕をもって学習に取り組める環境創りをしてみてはどうでしょうか。

包括的な支援ポイント

・こだわりが強く，変えにくいときにはどのようにアプローチをしていけばよいでしょうか？
　⇒児童からすればそうせざるをえない理由があるのでは。その理由を聞いてみましょう。

・情緒面や行動面を指導するために通級を活用することはよいでしょうか？
　⇒保護者の承諾は必要ですが，学校がより生活しやすい場になるための選択肢になります。

・生活環境が厳しいと思われる保護者にはどのようにアプローチすればよいでしょうか？
　⇒保護者の仕事等で余裕がないかもしれませんが，相談窓口を開いておくことが大事です。

衝動的に動き，奇声をあげてしまう小学1年生のルイ
衝動性を児童からのサインとしてキャッチしよう

Before

Assessment Sheet

> 周りの状況を確認することなく，衝動的に動いたり，奇声をあげたりすることがあります。全体指導の中でどう支援していけばよいでしょうか。

専門家に状況を伝えるための改善ポイント

クラス全体を指導していく中で，ルイのように衝動性が強い児童がいるとどうすればよいのか悩む教師もおられます。そういった相談があるときに，まず確認していくのは，人の話を聞くときの姿勢など，クラス全体で共有されているルールです。このケースでも，クラスで共有されているルールがあれば，それを伝えてください。

また，どんなときに奇声をあげるのでしょう。周りの状況を確認できない状態になっている背景を担任の把握できるところで伝えてください。

After

Assessment Sheet

> 発言をするときは手を挙げ，静かに聞くようクラス全体に指導していますが，周りの状況を確認することなく，衝動的に動いたり，突然，奇声をあげたりすることがあります。

専門家の観察シート

〈授業場面を観察すると〉

国語の授業を観察する。漢字の学習をしており，プリント学習でなぞり書きをしている。ルイはプリントにキャラクターの絵などの落書きをしていた。担任がなぞり書きをするように指示すると，取り組み始めた。終わると担任のところで，シールをもらってうれしそうにする。
→プリントに最後まで取り組んだら，シールがもらえるという流れは理解している様子。個別に指導すれば取り組める様子。このときは奇声をあげることはなかった。

〈学校での様子〉

・自分の名前を書くことができない。数字は1から5までの数を読むことができるようになった。文字の認識よりも絵を好んでいる。着替え，給食などの用意に時間がかかる。

・友だちとのコミュニケーションは少なく，大人とのかかわりや1人遊びが多い。友だちとのかかわり方が分からないのか，体をタッチして逃げるような行動が見られる。

・電車やバスが好きである。朝起きるのが遅く，遅刻が多い。持ち物もそろわない。集中も続かない。排泄の失敗があるため，休み時間にはトイレに行くようにしている。

〈背景情報〉

・家族構成は，父，母，きょうだい6人との9人家族。発達検査等は受けていない。身の回りの世話を父親が行うことが多い。

・個別について，短い言葉で指示をするようにしているが，指示が通らなかったり，指示に従えなかったりすることがある。

・興味のあることを話しながら，見通しがもてるような声かけをするようにしている。

 専門家からのアドバイス

Point 衝動性を児童からのサインとしてキャッチしよう

　奇声をあげるなど，突然に起こる衝動的な行動は，教師自身も予測ができないために，児童との間に緊張を生み出していく要因になります。しかし，ルイの状態像を確認していくにつれて，予想がつかない学校生活をなんとか生きているルイの状況が浮かび上がってきます。衝動的に動いてしまったり，奇声をあげたりするのは，何をしていいのか分からないからなのかもしれません。担任だけでなく，ルイの方もお互いに見通しがついていない状態なのです。

　衝動的に動いてしまうことや奇声をあげてしまうことをルイのサインと考えて，なぞり学習のように，同じ流れを繰り返していく中でこの後の見通しを伝えていくのはどうでしょうか。

包括的な支援ポイント

・友だちとのコミュニケーションの仕方も伝えていく必要があるでしょうか？
　⇒自然なやりとりを大切にしつつ，問題があればクラスで解決策を考えるのも1つの手です。

・個別の支援を今後も継続していけばよいでしょうか？
　⇒繰り返しの中で流れが身についたら，徐々に個別支援を少なくしていきましょう。

・排泄や遅刻への対応について，保護者と協力した方がよいでしょうか？
　⇒生活リズムは協力したいところです。シールを使う手立てを保護者に伝えてみましょう。

指や物をなめたり，上履きを脱いだりしてしまう小学1年生のハヤテ
人とのかかわりの中で安心感を得られるようにしていこう

Before

Assessment Sheet

> 授業中でも絶えず指を口元に持っていき，マスクや消しゴムをなめます。上履きを脱ぐ姿も見られます。

専門家に状況を伝えるための改善ポイント

指や物を口元に持っていってしまうのは，無意識的な不安感の表れなど，いろいろな可能性が考えられます。どんなときに口元を触ってしまうのかを伝えていただけると，その理由が見えてくるかもしれません。

また，上履きを脱いでしまうということも合わせて考えると，感覚過敏さなどの問題もあるのかもしれません。もし他にも，感覚の過敏さが感じられるような場面があるならば，ハヤテをより理解していく糸口になるかもしれません。

After

Assessment Sheet

> 全体に指示をしているときには，絶えず指を口元に持っていき，マスクや消しゴムをなめます。上履きをすぐに脱いだり，廊下でクルクル回ったりする姿が見られます。

専門家の観察シート

〈授業場面を観察すると〉

算数の授業を観察する。座っている様子を確認すると，上履きだけでなく，靴下も脱いでいる。指示された通りに教科書を開くことはできている。教師の説明が始まると消しゴムを触り始め，手遊びをし，マスクもくわえている。その後，個別に声かけするとやめていた。
→何をすればよいのか分からないときに，手遊びや口元に手が伸びてしまうのかもしれない。
　感覚の問題は観察場面だけでは判断がつかなかった。

〈学校での様子〉

・多くのひらがなの読み書きや現在習っている計算はできる。書いた作文をクラスの前で読んだりすることもできる。時計が読めるなど，優れたところもある。

・鉛筆や消しゴムをブロックのように並べて遊ぶ。絵の具やのりなどを机やいすなど，あちらこちらに付けてしまう。水溜まりで遊ぶことも多い。学校ではトイレに行けない。

・支援に入る教師も含めて，大人とよく話すものの，クラスの子どもたちと話すことはあまりない。友だちはいないと言っている。

〈背景情報〉

・家族構成は，父，母との３人家族。分団通学途中に突然走り出すので，母親が登下校を見守っている。母親は育児に悩んでいる様子で，祖父母がサポートしている。

・食事や学習のサポート，寝る前の絵本読みは近くにいる祖母が行っている。

・つきすぎると，わざと逃げるようなそぶりをするので，遠目から見守るようにしている。ＴＴや支援員が少し会話をして，気分がほぐれたところで担任が指示をすると効果的である。

  専門家からのアドバイス

Point 人とのかかわりの中で安心感を得られるようにしていこう

　口元や足元だけでなく，クルクル回ることや，絵の具やのり，水溜まりのことも合わせて考えると，ハヤテの触感や感覚の問題に着目していく必要があります。トイレに行けないことも匂いや明るさなどの感覚とのつながりで考えると，その理由が見えてくるかもしれません。授業中などで手持ち無沙汰な感じがしたときに，自身の触覚を確かめているようです。

　この手持ち無沙汰な感覚は，教師たちとのちょっとした会話で解消することにつながっているようで，本人の前向きな取り組みにつながっています。触感だけでなく，人とのかかわりの中でも安心感を得られるサポートが求められています。

包括的な支援ポイント

・友だちはいないと言っていますが，サポートをしていった方がよいでしょうか？
　⇒まだ学校生活に安心感がないかもしれないので，居場所づくりからはじめましょう。

・ＴＴや支援員との間で共有しておいた方がよいことがありますか？
　⇒専門家との相談内容を共有し，チームとしてのサポートを継続しましょう。

・母親の育児の悩みにはどのようにアプローチすればよいでしょうか？
　⇒ＳＣなどと連携しながら，いつでも相談しやすい体制を整えましょう。

落ち着きがなく，声を出し続ける小学2年生のユウマ
どう行動すればよいのかを一緒に考えていく姿勢をもとう

Before

Assessment Sheet

学校ではたえず声を出し，離席するなど，落ち着きがありません。周りの友だちも少し迷惑に感じているようです。

専門家に状況を伝えるための改善ポイント

　落ち着きがなくなっているユウマの背景を探ってみたいところです。どんな場面で声を出したり，席を立ちあがったりしてしまうのでしょうか。担任の感じているところで，その背景を専門家に伝えてみてください。

　また，周りの友だちとの関係も気にかかるところです。迷惑に感じているのは，どのようなときでしょうか。ユウマの普段の友だちとのやりとりも含めて，お互いにとって心地よい授業環境にしていくことが必要です。

After

Assessment Sheet

授業中だけでなく，掃除や給食の時間でも声を出し，離席するなど，落ち着きがありません。教室のルールに反する場面のため，周りの友だちも少し困っているようです。

専門家の観察シート

〈授業場面を観察すると〉

　国語の授業を観察する。教室後方にいる私の顔を何度も見たり，周囲の子どもに話しかけたりするなど，じっとしていられない様子はうかがえた。常に椅子を揺らして，座っている。周囲の子どもたちはユウマの相手をすることもあるが，流すところは流していた。

→周囲の子どもたちがユウマとの付き合い方を徐々に見出している様子がうかがえた。刺激となる情報が多いので，椅子を揺らすことで自分を落ち着けようとしているのかもしれない。

〈学校での様子〉

・言葉の意味を理解していないときが多々あり，話がかみ合わないことがある。身の回りの整理整頓が，１人ではあまりできない。

・学力が低く，考えることも苦手な様子を見せる。バランスよく字を書くことができず，書き順もバラバラ。「しゃ・しゅ・しょ」などの拗音の書き間違えがある。基本的な計算はできる。

・ゲームが大好きで，興味のあるものはすぐに覚える。手伝いをすることは好き。休み時間になると，いろいろな子と一緒に外で仲良く遊ぶ姿が見られる。

〈背景情報〉

・家族構成は，父，母，妹との４人家族。母は，かなり厳しい様子である。小学校１年時に医療機関で知能検査を受け，知能指数は境界線上であった。

・幼稚園からの申し送りで，「話を聞いていない」，「同じことを何回も言われているのになかなか覚えられない」ということが指摘されていた。

・クラスのルールを守れるようになることを目指し，継続して指導にあたっている。

 専門家からのアドバイス

Point どう行動すればよいのかを一緒に考えていく姿勢をもとう

　知的な発達がゆっくりである面も踏まえて，周囲の人たちにコミュニケーションをとりにくいと感じさせる面がユウマにはあるようです。逆にユウマの視点に立てば，自分の言いたいことが周囲になかなか伝わっているようには感じられていないということでしょう。それが日常的に落ち着きのなさとして表れていると考えることはできないでしょうか。

　一方で，お手伝いを進んですることや，友だちとも分け隔てなく遊んでいる姿もあることから，人とのかかわりが好きであることは大事にしたいところです。クラスのルールを繰り返し伝えながら，どう行動すればよいのか一緒に考えていくようにしましょう。

包括的な支援ポイント

・周囲の子どもたちが困っているときには，どのように伝えていけばよいでしょうか？
　⇒指導を入れるべきかどうか見極めましょう。子ども同士で解決できるのが望ましいです。

・このままだと授業についていくことが難しいかもしれません。どうすればよいでしょうか？
　⇒本人にとって最もよい学びの場がどこか，通級等も含めて検討していく必要があります。

・保護者が厳しくあたっている可能性がありますが，対応した方がよいでしょうか？
　⇒ＳＣと連携しながら，保護者が困っていることを理解していきましょう。

友だちの行動につられてしまう小学2年生のイツキ
児童の気持ちが表現できる工夫を考えてみよう

Before

Assessment Sheet

友だちに引きつられ，よいことも悪いことも分からないまま，友だちの後についてやってしまうことが多くあります。

専門家に状況を伝えるための改善ポイント

　イツキは友だちの行動を真似ることによって，集団生活を乗り切っているのかもしれません。真似ること自体は学びにつながる大切なことで，イツキなりの学校で生活する術ではあると思われます。しかし，どのくらい学校の状況を理解して行動しているのかを探っていく必要がありそうです。

　具体的にはどのような場面で，イツキが友だちの行動につられているように感じているのでしょうか。

After

Assessment Sheet

一列に並ぶときや友だちと遊ぶときなどに，友だちに引きつられ，よいことも悪いことも分からないまま，友だちの後についてやってしまうことが多くあります。

専門家の観察シート

〈授業場面を観察すると〉

　運動場で体育の授業を観察する。授業の冒頭で2列に並ぶことになったが，列の周りをウロウロと歩いている子がイツキだった。列のイツキの後ろの児童が「ここだよ」とイツキを呼ぶと，イツキはその場所に行って，並ぶことができた。

→クラスの児童がイツキに声をかけることで一列に並ぶことができているようで，普段通りの姿であるように感じられた。イツキはどこに並ぶのか分からないでいたのだろうか。

〈学校での様子〉

・おとなしく，授業中の発言はあまりないが，課題に対して熱心に取り組んでいる。ただ，学力が低く，覚えることが苦手。作業や活動も遅い。個別に声をかけている。

・理解力は低く，言葉で表現することが苦手な様子である。友だちとコミュニケーションが取れていない可能性がある。

・朝の準備が遅く，朝の会が始まってもゆっくり片付けている。

〈背景情報〉

・家族構成は，父，母，姉との4人家族。未熟児で生まれたため，保護者は発達の遅れを心配しているが，通常級で一緒に学んで欲しいと思っている。協力的である。

・約束を守れなかったり，近所でうまくいかなかったりしたことがあり，イツキが学校生活を送る難しさを保護者は理解しているが，どうすればよいか困っている。

・担任や支援員が個別に声をかけ，できることが増えるようにしている。できたときには，褒めている。週に1度，取り出し授業を行っている。

 専門家からのアドバイス

Point 児童の気持ちが表現できる工夫を考えてみよう

　イツキは周囲のサポートを得られやすい人柄であるとともに，周囲の児童にも思いやる経験が生まれているようです。一方で，友だちや担任から助けてもらうことが多いために，イツキ自身は状況を分かっていないものの，困っていないのかもしれません。周りに頼っているところがありそうで，すべてをこちらがサポートすべきではありません。

　本人がこちらのサポートを待つのではなく，困ったときに誰かに聞いたり，サインを出したりするなど，自身の困っている気持ちが表現できるような工夫をしてみましょう。また，その気持ちをキャッチし，受け止めていく教師の姿勢も問われています。

包括的な支援ポイント

・困っている気持ちを表現していくにはどんな手立てがあるでしょうか？
　⇒児童の好きなことや得意なことを活用した方が，安心して気持ちを表出してくれます。

・教員によって，サポートに偏りがでないようにした方がよいでしょうか？
　⇒マニュアル対応ではなく，児童の表現方法を関係者で共有していくようにしましょう。

・未熟児や発達の遅れという保護者の不安にどのように向き合っていけばよいでしょうか？
　⇒未熟児であった不安を受け止めつつ，保護者の今の不安を探りましょう。

自分の世界に入って学習に集中できない小学2年生のハル
学校生活の拠点になる人になっていこう

Before

Assessment Sheet

全体での話を聞いておらず，耳に入ってきた言葉から自分の世界に入り，授業中であってもしゃべり続けてしまいます。

専門家に状況を伝えるための改善ポイント

　周囲からして分かりにくいものの，自分の世界を持ち，それをこちらに伝えようとしてくれる児童がいます。その児童の特徴に迫っていく上で，その世界を教えてもらう姿勢は大切です。しかし，授業中であれば，すべてを聞き入れることはできません。

　担任の把握されている，ハルが持っている世界とはどのようなものなのかを伝えてみてください。また，その世界をハルは楽しそうにしゃべり続けているのでしょうか。ハルが話してしまう背景が知りたいところです。

After

Assessment Sheet

全体での話を聞いておらず，耳に入ってきた言葉から自分の世界に入り，授業中であっても連想された自分の知っている知識を次々と早口でしゃべり続けてしまいます。

専門家の観察シート

〈授業場面を観察すると〉

　体育の授業を観察する。運動会の練習をしていた。ハルは体操服を着ているものの，授業の初めからクラスメイトの中には入ろうとせず，運動場の隅で遠巻きに見ている。活動が始まり，教師が何度か声をかけるものの座って見ているままで，最後は寝転がり始めた。

→寝転がっているハルが何を考えているのか，分かりにくい面はたしかにあった。ただ，遠巻きに見ながら，体育に参加しなくてはいけないという気持ちはあるようであった。

〈学校での様子〉

・図工が好きである。興味があることの知識はたくさんあり，図鑑を見ることも好きである。

・生活に見通しをもって行動することが苦手で，手洗いや片付けを抜かしてしまい，寄り道も多い。気分屋なところがあり，気が乗らないとプリントの裏に絵を描くなどする。

・できないことがあると，泣いたり，やるべきことをしなかったりする。自分のものをわざと隠すことがあり，上履きを植木鉢の間に隠したことがある。

〈背景情報〉

・家族構成は，父，母，兄2人，祖父，祖母との7人家族。先天性の心疾患があり，手術して根治した。5歳時に自閉スペクトラム症の診断がなされた。

・就学前から児童デイサービスを継続的に通っている。保護者としては，特別支援学級の方に通わせたいという気持ちが強くなっている。

・落ち着かないときは別室で，クールダウンしている。見通しをもって行動できるような声かけや，タイマーで「あと○分」と視覚的に知らせる対応が有効であることを学内で共有した。

  専門家からのアドバイス

Point 学校生活の拠点になる人になっていこう

　ハルの話は，興味ある自分の世界に関する知識を伝えていくことが目的で，そこに楽しさなどの感情はなかなか見出せませんでした。むしろ，授業や活動など学校生活の流れがこの後にどうなっていくのか，その見通しが持ちにくい状態が生まれたときに，落ち着きのなさが生まれてきますし，自分の世界に戻っていった方が，ハルにとって安心できるようです。

　学習に集中できていないというより，この後の見通しが立たず不安を感じていると受け止め，声かけや構造化などの支援を継続しつつ，ハルの世界を多少なりとも共有する人になっていきましょう。不安なときに頼れる人がいるという学校生活の拠点づくりにつながります。

包括的な支援ポイント

・自分のものをわざと隠してしまう行動にはどう対処すればよいでしょうか？

　⇒見通しの立たなさなど，背景にある不安要因にアプローチしていきましょう。

・児童デイサービス等との連携を視野に入れた方がよいでしょうか？

　⇒児童の背景を知る必要のある場合や個別の支援計画の作成等で連携することがあります。

・通級や特別支援学級，通常学級かに悩む保護者にどのように寄り添えばよいでしょうか？

　⇒見学等を通して，各場所での教育の特徴を知ってもらうことから始めましょう。

嫌なことはやらないという態度を頑なに崩さない小学2年生のソウタ
児童と対話して，一緒に解決策を考えよう

Before

Assessment Sheet

> 一度自分が嫌だと思ったことは，「絶対に嫌」という態度を崩しません。とても頑固で，教室に寝そべることもあります。

専門家に状況を伝えるための改善ポイント

　教室に寝そべってまで「嫌だ」という気持ちを担任に伝えているのでしょう。ある意味，素直に気持ちを表現してくれる面がソウタにはあるようです。具体的にはどんなことで嫌になってしまうのでしょうか。その具体的な場面を伝えてください。

　また，その頑な態度は，時間が経てば多少なりとも和らいでくるのでしょうか。それとも和らいでいかないまま1日を過ごしてしまうのでしょうか。ソウタの頑固さがどれくらい続いていくのかも教えてください。

After

Assessment Sheet

> <u>学芸会などで</u>一度自分が嫌だと思ったことは，「絶対に嫌」という態度を崩しません。とても頑固で，<u>活動中ずっと</u>教室に寝そべることもあります。

専門家の観察シート

〈授業場面を観察すると〉

　国語の授業を観察する。授業中ではあったが，教室の後ろに持ってきた自分の机の周りを，2つの段ボールで取り囲み，机の下であぐらをかいているソウタがいた。床に紙を置いて，鉛筆で絵を描いている様子。時々，そこから出て色鉛筆を持ってくる。そのまま授業を終えた。

→ソウタ独自の環境をつくっており，驚かされた。私が来る前に何かあったのか担任に聞いてみたところ，朝から機嫌が悪く，教室の後ろで過ごし始めたとのことだった。

〈学校での様子〉

・国語，算数の授業は苦手。参加することもあるが，1時間全く教科書を開かないこともある。授業に参加できているときは，教科にかかわらず，周りのペースについていけている。

・友だちとよくしゃべり，休憩時間には仲のよい友だちの近くに行く。また，おどけたり，ふざけたりして周りの注目を集めることも多い。

・休憩時間中に教師に抱っこをねだることがある。お手伝いなどお願いされたことに対しては進んで行う姿も見られる。褒めると，照れるような姿も見せる。

〈背景情報〉

・家族構成は，父，母，姉，兄との5人家族。きょうだいがしっかりしているので，比較され母から強く叱られることが多くある。

・母，本人ともにSCと面談している。

・できそうな目標を立て，視覚的に振り返ることができるように，◎，○，△ を記入するカードを用意し，保護者とも共有した。褒める機会を増やしたいが，△ が増えてしまっている。

専門家からのアドバイス

Point 児童と対話して，一緒に解決策を考えよう

　担任だけでなく，周囲の子どもに対する様子からも，ソウタが人を大好きな様子が伝わってきます。だからこそ，嫌なことがあったとき，ソウタの気持ちをはっきりとした表現で教師に伝えてくれているのでしょう。この理解に基づけば，頑固という見方ではなく，気持ちを分かってほしいという願いとして受け止めることもできます。

　ただ授業中ではありますので，寝そべったり，教室の後ろで籠ったりしてしまうのとは違う表現を伝えていく必要があります。そのためには，まずソウタと対話していくことです。嫌なことがあったときには担任に伝えて，その解決策を一緒に考えてみてはどうでしょうか。

包括的な支援ポイント

・カードで行動を振り返る手立ては継続していった方がよいでしょうか？
　⇒少なくとも1か月は継続し，視覚化の必要性や目標の修正など改善点を探りましょう。

・クラスの子どもたちにも配慮をするように伝えた方がよいでしょうか？
　⇒配慮を伝えることで子ども同士の距離が生まれることもあるので，必要ないのでは。

・保護者との間で他に何を共有していけばよいでしょうか？
　⇒多くのことを共有するよりも，学期の目標やそれに伴う成長を共有していきましょう。

負けてしまうと怒り出してしまう小学2年生のガク
言葉で指導しすぎず，児童にとって分かりやすい伝達方法を探ろう

Before

Assessment Sheet

> 勝ち負けを決めるときに，負けてしまうと怒り出すことがあります。一度怒りのスイッチが入ってしまうと治まりません。

専門家に状況を伝えるための改善ポイント

　負けたくないという気持ちを持つこと自体は前向きに活動に取り組んでいる証ではあります。しかし，勝ち負けという結果にこだわりすぎてしまう児童は，それまでの努力してきたプロセスに目を向けることがなかなかできないことがよくあります。ガクの場合はどうなのでしょうか。些細な勝負でも勝ちにこだわってしまうのでしょうか。

　どのような勝ち負けの場面で起こってしまうのかを伝えてください。また，怒ってしまった後に，どのようにして落ち着いていくのかも教えてください。

After

Assessment Sheet

> 体育のリレーなどで勝ち負けを決めるときに，負けてしまうと怒り出すことがあります。一度怒りのスイッチが入ってしまうと，声をいくらかけても治まりません。

専門家の観察シート

〈授業場面を観察すると〉

　体育の授業を観察する。準備体操は元気よく行っている。なわとびの授業で，どれだけ連続して飛ぶ回数を伸ばすことができるかを競争ではなく，挑戦して取り組んでいた。ガクは最初，楽しんでいたが，なかなか回数が増えず，「もういい」と言って，縄跳びを放り投げていた。

→「挑戦」としていたところに，担任のガクに対する配慮がうかがえた。しかし，最後までガクの気持ちが続かなかった。気持ちの浮き沈みが激しいようである。

〈学校での様子〉

・学習への意欲は高い。しかし，学力が高いわけではなく，自分で分からないと感じてしまうと，投げ出してしまう。国語の学習はほとんど取り組まない。

・感情の起伏が激しい。楽しんでいたかと思うと，突然怒り出すことがある。ちょっとしたことで怒り，手を出したり，罵声を浴びせたりする。

・言葉による指導がほとんど理解できないようで，「どうしてこんなことをしたの」と問いかけても，「ああ」「うん」という返答くらいである。

〈背景情報〉

・家族構成は，父，母との3人家族。就学時検診で教育相談を受ける対象となった。

・保護者は特別支援学級にいくかどうかを迷っているため，週に1，2時間程度，特別支援学級への交流を行っている。

・嫌なことがあっても，手を出すことはいけないと指導をしても，なかなか手を出すことを止めることができない。一切指導では取り組めないことも多い状況である。

 専門家からのアドバイス

Point 言葉で指導しすぎず，児童にとって分かりやすい伝達方法を探ろう

　怒ってしまうと，なかなか落ち着きを取り戻すことができないようで，感情をコントロールすることの苦手さをガクは抱えています。また，特別支援学級にいくことが検討されているように，学習を理解することに難しさもありそうです。特に，言葉での指導がなかなか伝わっていないようです。とすれば，言葉ではない伝達方法を検討してみてはどうでしょうか。

　一般的によく知られているのは，言葉だけでなく絵や写真などの視覚的に構造化されたアプローチです。特に感情の面での起伏が激しい面や集中が続かない面もあるので，言葉での指導に固執することなく，ガクにとって分かりやすい伝達方法を追求してみましょう。

包括的な支援ポイント

・勝ち負けへのこだわりが強い状態が続いた場合，どうすればよいでしょうか？
　⇒勝つために努力したり，クラスで協力したりする姿を褒めるようにしていきましょう。

・構造化されたアプローチはどのように学んでいけばよいでしょうか？
　⇒書籍もありますが，個人ではなく学校全体で研修をし，共通理解することも大切です。

・特別支援学級に行くことへの保護者の迷いにどのように向き合っていけばよいでしょうか？
　⇒就学時検診での情報も確認しながら，迷いが生まれる理由を傾聴していきましょう。

変化に敏感で，周りの児童にちょっかいを出す小学2年生のタイセイ
家庭と連携し，情報や目標を共有しながら支援を進めていこう

Before

Assessment Sheet

変化に敏感で落ち着かなくなり，必要以上に騒ぐなどして，周りの児童にちょっかいを出そうとしたりします。

専門家に状況を伝えるための改善ポイント

　タイセイにとって変化となるような刺激にはすぐさま反応してしまい，落ち着かなくなってしまうようです。まだ安全・安心感のある教室環境にはなっていないのかもしれません。具体的にはどのような変化があると落ち着かなくなってしまうのかを伝えてください。

　また，ちょっかいを出すのは特定の児童でしょうか。それとも近くにいる児童など，特定されてはいないでしょうか。分かる範囲で教えてください。

After

Assessment Sheet

担任以外の大人がいたり，納得いかないことがあるなどの変化に敏感で落ち着かなくなり，必要以上に騒ぐなどして，近くにいる児童にちょっかいを出そうとしたりします。

専門家の観察シート

〈授業場面を観察すると〉

　国語の授業を観察する。授業は進んでいくが，板書を写すことなく，自分の好きな本を読んでいた。その後，担任がタイセイの近くに行ったとき，「なぞり書きがいい」と言って，ノートを開く。担任はプリントを持ってきて，書くように指示していた。

→担任によると，文字を書く力をつけるため，毎日の連絡帳をなぞり書きで取り組むようにしており，黙々と取り組んでいるとのこと。何をすればよいのか分かればやる可能性がある。

〈学校での様子〉

・これまでの学習が定着しておらず，授業の内容も分からないため，落ち着いて取り組むことができない。字を書くことが特に苦手。内容が複雑になると理解ができない。

・図工や読書が好きで，手先を動かしているときは，落ち着いて席に座っていることができる。給食当番の際，自分の仕事が終わると，他の児童の仕事を手伝う姿も見られる。

・思ったことをそのまま口に出してしまうため，友だちとトラブルになる。言葉遣いも荒い。

〈背景情報〉

・家族構成は，父，母，きょうだい5人との8人家族。高校生の姉が学童にタイセイを迎えに来ており，なついている。一緒に宿題をしてくれている様子。双子の兄とは喧嘩が多い。

・タイセイは母親のことが好きで，褒められるために，頑張れるときもある。できたことはタイセイ自ら報告することもある様子。父に連絡されるのは嫌がる。

・授業中は静かにすることや友だちに悪口を言わないことを目標としている。家庭でも母親や姉とその内容を確認してもらい，達成できたかどうかを共有している。

 専門家からのアドバイス

Point 家庭と連携し，情報や目標を共有しながら支援を進めていこう

　周囲のちょっとした刺激や変化に気づいてしまうがために，タイセイは落ち着かなくなってしまうようです。きょうだいの多い家庭環境で過ごしていることも影響しているかもしれません。担任は家庭との連携をうまく活用しながら，学校での目標をタイセイと母や姉との間で共有し，同じ方向に向かっていこうとしていることが，この支援事例の特徴といえるでしょう。

　変化への敏感さのある児童については，これまでの育ちをおさえておく必要があり，家庭と連携し，情報や目標を共有しながら支援を進めていくことは効果的です。この支援のためには，担任とタイセイのみならず，家族との日常的なつながりが求められます。

包括的な支援ポイント

・周りの児童に影響があり，つられないようにしていくための対策をすべきでしょうか？
　⇒クラスを巻き込んでしまう面があるならば，教室でのルールをクラスで確認しましょう。

・家族との連携について，校内で留意すべき点はあるでしょうか？
　⇒担任の負担が重くならないよう，コーディネーター等がフォローできる体制にしましょう。

・高校生に支援や共有をお願いするのは，負担になる面もあるでしょうか？
　⇒ヤングケアラー等の問題もあり，家庭状況に留意しながら，進めていくべきです。

物が机の周りに散乱する小学3年生のミナト
その子が納得して行動できる環境によるアプローチを見つけよう

Before

Assessment Sheet

> 鉛筆や消しゴム，筆箱，プリントなどが机の周りに散乱してしまいます。落ちている物を入れるボックスをつくりましたが，それで遊んでしまいます。

専門家に状況を伝えるための改善ポイント

　ミナトの机の周りは，大変なことになっているようです。担任もボックスをつくるという環境調整をしましたが，上手くいかなかったとのことでした。上手くいかなかった手立てを伝えていただくこともミナトの情報として大変に役立ちます。今回であれば，環境が増えることはより刺激になることが推察されます。

　担任はボックスをどうしてつくったのでしょうか。その意図や理由があれば知りたいところです。そこには，担任のミナト理解が垣間見られるからです。

After

Assessment Sheet

> 鉛筆や消しゴム，筆箱，プリントなどが机の周りに散乱してしまいます。友だちに落ちている物を入れることを喚起するボックスをつくりましたが，ミナトは遊んでしまいます。

専門家の観察シート

〈授業場面を観察すると〉

　国語の授業を観察する。ミナトの机の周りは，物が多少落ちているものの，予想していたよりも片付いている。机の横にある手提げ袋の中には物がたくさん入っているようであった。自分の物が落ちたときには，手提げ袋に入れる姿も見られた。

→担任に確認したところ，持ち物を入れる手提げ袋は月曜日に持ってきて金曜日に持って帰るので，本人は持ち帰りしやすいと言っているとのことで，活用しやすいようである。

〈学校での様子〉

・国語や算数の時間で寝てしまうことが多々あった。何をしたらよいか分からなくなったり，板書をノートに書けなかったりしたようである。

・友だちとの関係に問題を抱えてはいないが，からかわれたと感じるときには，怒りを相手にぶつけることがある。自分のしたことに対しては素直に謝ることができる。

・朝，連絡帳をなかなか書くことができなかったが，担任が別用紙に記入して写すように指示し，何度も声をかけていくと，書こうとする姿が見られるようになった。

〈背景情報〉

・家族構成は，父，母との３人家族。保護者は，入学当初から通常学級での在籍を希望している。今後，特別支援学級への逆交流もしていくべきかどうか検討している。

・宿題に関しては，保護者の協力により忘れることなく，きちんとやって提出できている。

・テストの際には，教員がそばで文章を読み上げると，正解かどうかは置いておいて，式や答えを書くことができるので，個別支援や指導の必要があることを校内で共有した。

 専門家からのアドバイス

Point その子が納得して行動できる環境によるアプローチを見つけよう

　本人の視点に立って考えることが大切であることを改めて認識させてくれるケースでした。教師の考えたボックスによる対応で，片付け方が身につく子もいるでしょう。しかし，友だちにミナトの落とし物を入れるように喚起するアプローチであったため，ミナト自身に片付けようという意欲を生み出すには至ってはいません。しかし，手提げ袋はミナトと教師との間で共有できた方法であり，ミナトも自ら行動できたのではないでしょうか。

　整理整頓が苦手な児童は多くいますが，その子が納得して行動できる環境によるアプローチはあるはずです。それを見つけていくための対話が求められます。

包括的な支援ポイント

・授業中に寝てしまう児童にどうアプローチすればよいでしょうか？
　⇒生活リズムや学習面へのあきらめなど，寝てしまう行動の裏側を探ってみましょう。

・教員がテストなどの文章を読み上げると，答えようとするのはどうしてなのでしょうか？
　⇒聞くことが得意というよりも，文字を読むというところに苦手さがあるかもしれません。

・特別支援学級を知るための逆交流を進めていくべきでしょうか？
　⇒本人にとってよりよい学びの場を保護者と共に探る１つの手立てになります。

クラスの子どもを叩いたり，蹴ったりしてしまう小学3年生のタイガ
二次障害を伴う状況に対しては学校として対応しよう

A
衝動性に課題のある児童

Before

Assessment Sheet

> クラスの子どもとトラブルになり，感情が高ぶってくると，叩いたり，蹴ったりしてしまいます。

専門家に状況を伝えるための改善ポイント

　叩いたり蹴ったりしてしまう行為は，強く制止しなければなりません。その上で，トラブルになった背景にはそれぞれの理由があると思われますので，丁寧に聞き取っていくことを通して，タイガにとっても相手にとってもお互いに相手の気持ちに気づくきっかけになっていくことが大切です。

　タイガはどうして暴力をふるってしまったのでしょうか。また，その後に相手の気持ちに気づけているのでしょうか。担任の掴んだところを伝えてください。

After

Assessment Sheet

> 忘れ物を指摘されるなどで，クラスの子どもとトラブルになり，感情が高ぶってくると叩いたり，蹴ったりしてしまいます。自分の非を受け入れることが難しいことが多いです。

専門家の観察シート

〈授業場面を観察すると〉

　算数の授業を観察する。支援員が1人，クラスについている。ノートにはほとんど何も書かれておらず，板書を写そうとはしていない。しかし，プリント学習では，支援員の手助けも借りながら，集中して取り組むことができていた。

→この場面では，支援員がそばにいたこともあり，クラスの子どもたちとトラブルになることはなかったが，担任や支援員以外とのやりとりがほとんどなかったことが気になった。

〈学校での様子〉

・ノートなどに文字を書くことを「面倒」という思いから，意欲をなくしがちである。算数については自信をつけ始め，ＴＴの支援を受けながら，学級で学習を行うことができている。

・以前から，暴力をふるうことや相手を傷つけることに対して罪悪感は少なく，止む気配が見られない。事実ではないことを保護者に伝えることもある。

・タイガに対するクラスの児童のかかわり方がうまくなったこともあり，タイガとクラスの子どもたちとのトラブルは徐々に減ってきている。

〈背景情報〉

・家族構成は，父，母，兄との４人家族。就学前にＡＤＨＤの診断を受けている。

・保護者はタイガの言うことを鵜呑みにしてしまい，仕方がないと捉えている。状況報告や協力を得ることが難しい。保育園の職員とは意見の対立があったようで，不信感を持っている。

・丁寧に様子を確認し，怒る以外もしくは怒っても暴力はふるわない方法で思いを伝えるようにタイガに話をしている。時間をかければ対応ができる手応えはある。

 専門家からのアドバイス

Point 二次障害を伴う状況に対しては学校として対応しよう

　自身の非を認めようとしなかったり，保護者に実際とは違うことを伝えようとしたりするなどして，タイガは自分自身を守ろうとしている，傷つくことがないようにしているように感じられました。保護者がタイガを過剰に守ろうとしていることからも，保育園のときを含めて，これまでの生活の中で親子ともに傷ついてきた経験が多くあったのかもしれません。

　クラスの子どもたちとの間に壁があり，発達障害に伴う二次障害が生じていると考えられました。すぐには解決されない状況にはあるものの，担任との関係性ができていることを糸口に，タイガや保護者が気持ちを伝えられるところを学校として増やしていきましょう。

包括的な支援ポイント

・クラスの子どもたちにはどのようなことを伝えていけばよいでしょうか？
　⇒ほどよい距離感をつくっていくためにも，協力するところはするように伝えてみましょう。
・学校としてどのように対応していけばよいでしょうか？
　⇒ＳＣやコーディネーターなど，担任だけで対応しないようにしましょう。
・これまでの育児背景もあり，協力関係が難しい保護者にはどう対応すればよいでしょうか？
　⇒トラブル時は早めに保護者に連絡するなどして，子どもの状況を共有していきましょう。

パニックになったときに自傷行為をする小学３年生のカナト
頑張っている児童自身に目を向けていこう

Before

Assessment Sheet

> パニックになってしまうと，机や壁に頭を打ち付ける自傷行為が見られるようになりました。

専門家に状況を伝えるための改善ポイント

　パニックになってしまったときには様々な状態が起こりえますが，自傷行為は何としても止めなくてはいけません。カナトの気持ちを何かしら表現しているだけに，こちらの胸が痛みます。パニックになってしまうと止めるのが難しくなりますので，その前にできるだけ止めたいところです。

　パニックが起こる要因やその前に何があったのかなど，パニックが起きるにいたった背景や文脈を伝えてください。

After

Assessment Sheet

> 苦手な活動をみんなと同じようにできなかったり，みんなよりも早くできなかったりしたときパニックになり，机や壁に頭を打ち付ける自傷行為が見られるようになりました。

専門家の観察シート

〈授業場面を観察すると〉

　国語の授業を観察する。作文に取り組んでいたが，なかなか書けないようで，プリントには何度も書いたものを消したあとが残っていた。机にはノートや教科書が置かれていたが，破ったところをテープで補うなどした痕があった。

→作文は苦手なようであったが，このときは自傷行為を見せることはなかった。破られた教科書やノートの状況から，気持ちを抑えることの難しさが感じられた。

〈学校での様子〉

・図形や作文が苦手であるが，苦手なことに取り組むときにパニックになりやすい。自分の行動で迷惑をかけていることやいけないことをしているのも分かっている様子。

・パニックになるとカナトの持ち物を投げたり，ノートや教科書を破ったりする。暴れ出すと，自分の行動を抑えられなくなる。

・徐々にではあるが，分からないことがあったときには担任に聞くということができるようになってきている。

〈背景情報〉

・家族構成は，父，母，きょうだい4人との7人家族。保護者とは密に連携をとって，クールダウンなどの対処を共有で行えており，協力が得られている。

・1年生のときよりは，パニックの回数もだいぶ減った。

・苦手な所はなるべく個別に指導や声かけをしている。また，パニックになったときには職員室へ連絡をしてもらい，多くの教員で対応できるようにしている。

 専門家からのアドバイス

Point 頑張っている児童自身に目を向けていこう

　カナトは，苦手なことに取り組んでいるときにパニックになりやすいようで，周りと自分を比較してしまう面もあるようです。それが起因となって，本人が自身に対してネガティブな感情を向けたものが自傷行為として表れています。

　外側から見ればパニックに見えるのですが，カナトの内面を推察すると，活動に取り組めない自分に苛立ち，自身を責めてしまい，しかし，それが周りには迷惑になっていて，また自身を責めてしまうという悪循環に陥っていると考えることができます。悪循環に陥らないよう，苛立つ手前での援助や，頑張っているカナト自身に目を向けさせるかかわりが求められます。

包括的な支援ポイント

・パニック時は周りの児童も驚いてしまうのですが，どうすればよいでしょうか？

　⇒タイムアウトなどをして，双方の児童の環境を変えることが1つの手立てです。

・パニックになったときの対応について，教職員間でどのような共通理解がいりますか？

　⇒まず児童の安全を確保することと，落ち着いたときにフォローしていくようにしましょう。

・保護者との協力を今後，どのように進めていけばよいでしょうか？

　⇒パニック対応だけ検討するのではなく，児童の得意なことや頑張りにも目を向けましょう。

家でゲームばかりしている小学3年生のシュウ
児童が主体的に取り組める活動を見出していこう

Before

家ではゲームばかりしているようで，ゲームと現実が混ざったような空想めいた話をすることがあります。

専門家に状況を伝えるための改善ポイント

　ゲームだけでなく，Youtube等も含めて，動画に没頭してしまう発達障害のある子どもたちがいることが指摘されています。シュウのように，ゲームと現実が入り混じり，なかなか話がこちらに伝わってこないときもあるのではないでしょうか。具体的にはどんな話をするのかを伝えてください。

　また，家庭での様子も気になります。1日どの程度，ゲームをしているのでしょうか。分かる範囲で教えてください。

After

平日は寝る前，休みの日には1日中，家でゲームばかりしているようで，シューティングをしたことなど，ゲームと現実が混ざったような空想めいた話をすることがあります。

専門家の観察シート

〈授業場面を観察すると〉

　国語の授業を観察する。担任の話を聞いているようではあるが，教科書を読んだり，ノートを書いたりといったことをせず，ボーッとしている。時折，隣の子が「ここに書くんだよ」と伝えると，板書をノートに写し始めた。

→全体として受け身の印象があり，自分で何かをするという様子が観察されないまま，授業が終わってしまった。あまり寝ていないのかどうかが気になった。

〈学校での様子〉

・漢字はほとんど書けず，複雑な字は視写もできない。カタカナ，ひらがなを何度教えても直らない。そろばんを習っており，計算はできるが，文章の意味が分からず，解けない。

・図書の時間，本を選択することができない。簡単な鬼ごっこやボール遊び以外の遊びのルールが理解できず，遊びに出ないことがある。友だちにちょっかいをかけることもある。

・列の先頭で行進するときなどには，どこに行けばいいか，どう行けばいいかを判断することができない。雑巾を洗わないまま，机を拭くことがあった。

〈背景情報〉

・家族構成は，父，母，兄との4人家族。学校での様子を伝えても，こちらが思っているほど，深刻には受け止めていない。

・授業中はTTの教師や隣の子のアドバイスを受けて，プリントなどを何とか写すことはできている。

・友だちにちょっかいをかけて遊ぶこともあり，交流を大切にはしたいと考えている。

 専門家からのアドバイス

Point 児童が主体的に取り組める活動を見出していこう

ボーッとした状態が続いたり，状況判断ができない状態が生まれたりしている原因が，家でゲームばかりをしていることかどうかについては，確定的なことは言えませんが，生活リズムの乱れにつながっているとともに，周囲とのコミュニケーションが生まれないことから，影響を与えていると考えることはできます。ゲームをする時間を制限するなど，保護者とも協力して支援にあたりたいところですが，現状は難しいかもしれません。

できれば，シュウが主体的に取り組める活動を見出したいところです。そのためには，ゲームから授業の活動につなげることや，シュウの得意なことを活動に取り入れてみましょう。

包括的な支援ポイント

・授業に全くついていけていませんが，どうすればよいでしょうか？
　⇒学力のアセスメントが必要と思われます。躓いてしまったところを確認しましょう。

・周りの子どもたちとのかかわりをどのようにフォローしていけばよいでしょうか？
　⇒個別にフォローしつつも，児童同士での助け合いも尊重しましょう。

・保護者にこの状況をどのように伝えればよいでしょうか？
　⇒気になったところは日常的に伝えつつ，懇談などの節目で丁寧に話していきましょう。

集中して話を聞くことができない小学4年生のハルト
やることが分かる授業環境を創り出してみよう

Before

Assessment Sheet

> 授業と関係のないことをしてしまい，集中して話を聞くことができません。全体指導では理解できないことが多く，個別に声かけをしています。

専門家に状況を伝えるための改善ポイント

　ハルトは授業中に一体何をしているのでしょうか。集中して話を聞くことができない理由がありそうです。ハルトが授業中に具体的にどんな様子なのか。授業中にしていることを書いていただくと，突破口が見えてくるかもしれません。

　また，個別の声かけであれば指示が伝わる面もあるようです。担任からして声かけをしやすい位置にハルトはいるのでしょうか。全体指導のときも含めて，ハルトが集中しやすい授業環境になっているかどうかもポイントになりそうです。

After

Assessment Sheet

> 図鑑を読むなど授業と関係のないことをしてしまい，集中して話を聞くことができません。全体指導では理解できないことが多く，席の近くに行って個別に声かけをしています。

専門家の観察シート

〈授業場面を観察すると〉

　国語の授業を観察する。ハルトは教室の真ん中付近に座り，ボーッと黒板の方を見ている。板書をノートに書くよう指示があったが，書こうとしない。教師がハルトの方に行き，ノートを開くように指示すると開き，板書を書き始める。恐竜の図鑑がハルトのひざ元にある。

→恐竜の図鑑がひざ元にあり，授業を受ける環境が整っていなかった可能性がある。何をすればよいのかが分かれば動けるので，やることがハルトに分かりやすい環境を創りたい。

〈学校での様子〉

・宿題を出すのを忘れてしまうことが多い。計算や漢字は理解できている。工作や絵を描くのは好きで，立体のものに強い。自主勉強では，図鑑を見ている。

・身の回りの物が整理できていない。周りの児童にフォローしてもらうこともあるが，自分の言いたいことばかりを話す。

・生き物が好きで生き物係をしている。リーダーをやりたいが，同じように生き物が好きなクラスメイトと諍いを起こすこともある。

〈背景情報〉

・家族構成は，父，母との3人家族。共働きのため，近くに住む祖母が放課後の世話をしている。医療機関からADHDの診断があり，児童発達支援センターに月2回通う。

・保護者は宿題を見てくれており，宿題を忘れることは減ってきた。夜更かしをしている様子。

・医療機関の診断のあることから，個別の指導計画や個別の支援計画を作成している。保護者や学校の関係者と協力できる体制がある。

 専門家からのアドバイス

Point やることが分かる授業環境を創り出してみよう

　ハルトが授業中に行う内容を明確化することによって，活動に取り組んでいけることが見えてきました。毎度，担任がハルトの側にいかなくても，やることが分かる授業環境を創り出していくことが適切なサポートになると考えられます。

　そのヒントになるのが，図鑑を離さずに持っている姿や，整理できないでいるように見える机周りの物です。そこに，ハルトの興味・関心を惹くものが置かれているのでは。例えば，恐竜のカードに吹き出しをつけて指示するなど，ハルトにとって情報が入りやすいものを手立てとして活用していくのはどうでしょうか。

包括的な支援ポイント

・興味・関心が湧かない授業内容にも取り組んでいくにはどうすればよいでしょうか？
　⇒グループワークなどでクラスメイトと協働する場を創ることも1つの手立てです。

・個別の指導計画・個別の教育支援計画が活用されているでしょうか？
　⇒ここまでの計画に授業環境のことがどの程度書かれているのかを見直してみましょう。

・身辺整理などについて，保護者とさらに協力していった方がよいでしょうか？
　⇒上手くいったことを中心に，生活面の指導状況を保護者に伝え，共有していきましょう。

イライラすると周りの物を破いてしまう小学4年生のアオイ
声かけするタイミングを意識してみよう

Before

Assessment Sheet

イライラしてしまったときには，周りの物をビリビリに破いてしまいます。授業中に，地べたに寝転がることもあります。

専門家に状況を伝えるための改善ポイント

具体的には，どのようなときにイライラしてしまうのでしょうか。また，地べたに寝転んでしまうのはどんなときでしょうか。どんな場面で物を破いてしまう行動が生じるのかを伝えていただくと，解決策が見えてきそうです。

また，アオイは気持ちをコントロールすることが苦手で，物にあたることで解消しているようです。どんな物にでもあたるのか，それとも特定の物にあたるのでしょうか。何にあたっているのかを伝えていただくとアオイの気持ちがみえてくるかもしれません。

After

Assessment Sheet

物がなくなったときなどにイライラして，近くにあるプリントをビリビリに破いてしまいます。音楽など苦手な科目の授業中に，地べたに寝転がることもあります。

専門家の観察シート

〈授業場面を観察すると〉

国語の物語の授業を観察する。椅子をグラグラさせて座っている。机の上に教科書やノートは置かれていない。グループワークでクラスメイトがアオイのところに行くと話し始めた。担任の声かけにも応答している。

→周囲とのコミュニケーションはしっかりとれていた。授業に関する教師の問いかけにも応えており，聞いていないわけではない。

〈学校での様子〉

・身の回りの整理整頓や片付けができていない。宿題を出してこないことも多くある。

・漢字の勉強は頑張っている。理科は好きだが，算数・計算は苦手である。音楽が１年生のときから嫌いで，机の下に入ることもある。不器用さもあり，リコーダーが苦手である。

・生き物が好きで，生き物係のリーダーをしている。家では植物も育てている。全体指導で理解することはできており，話をすることは比較的上手である。

〈背景情報〉

・家族構成は，父，弟との３人家族。父は仕事で忙しく帰宅時間は遅いものの，アオイと宿題を一緒にしたり，準備をしたりするなど協力的である。発達検査等は受けていない。

・教室にすべての児童に１つずつ教科書などを入れるＢＯＸをつくり，片付けしやすい環境にしたが，アオイは活用していない。周りのクラスメイトは準備や片付けを手伝ってくれている。

・アオイはＳＣのもとに毎週行っている。アオイに対するケース会議を行っており，教職員間で情報共有している。

 専門家からのアドバイス

Point 声かけするタイミングを意識してみよう

アオイは授業の話を聞いていないようでいて理解しており，授業に参加したくないわけではないことが分かります。片付けＢＯＸが活用されていないことも合わせて考えると，視覚よりも聴覚優位な面があるようです。情報や刺激が多いと感じたときに，寝転んだり，机の下に入り込んだりなどして本人なりの調整をしている可能性があります。

また，観察した場面だけでなく，ノートを書くことがあまりないようです。不器用さもあり，書くことの多いプリントを破いてしまうのかもしれません。書くことへのサポートを念頭に，イライラしそうなところで声かけをしてみてはどうでしょうか。

包括的な支援ポイント

・気持ちのコントロールができるようにするにはどうすればよいでしょうか？
　⇒外に表出されているイライラを言語化できるようにサポートしていきましょう。

・得意な科目と苦手な科目があるなど学力のアンバランスさはどうすればよいでしょうか？
　⇒書くことの苦手さも一因です。タブレット活用など書くことの支援を検討してみましょう。

・ケース会議では教職員間でどんな内容を共有するとよいでしょうか？
　⇒ＳＣや保護者の情報も合わせて，児童の困り感を探りましょう。

最後までやり通さないと気が済まない小学4年生のダン
児童が落ち着いている状態のときに目標を共有しよう

Before

Assessment Sheet

> 自分のできないことであっても，最後までやり通さないと気が済みません。「ここまで」と言っても終わるということができません。

専門家に状況を伝えるための改善ポイント

　「ここまで」というゴールは具体的に伝えられているでしょうか。具体的に伝えれば，理解してくれるのか。それとも具体的に伝えたとしても，最後までやらなければ気が済まない面がダンにあるのでしょうか。対応の変わり目になる内容ですので，伝えていただきたいところです。

　また，ダンのできないこととはどんなことなのでしょうか。苦手な内容でもやり通そうとして，ストレスをためているのでしょうか。

After

Assessment Sheet

> 苦手な作文や得意な図工でも，最後までやり通さないと気が済みません。具体的に活動の終わりを示し，「ここまで」と言っても終わることができません。

専門家の観察シート

〈授業場面を観察すると〉

　国語の授業を観察する。教科書を読んで，感じたことや考えたことをプリントに書いていく活動に取り組んでいる。ダンは頬杖をついていた。考えているのか，困っているのかこちらは判断がつきにくかったが，突然，プリントをぐちゃぐちゃにしてしまった。

→プリントをぐちゃぐちゃにする様子から，困っていたことが分かった。なかなか前兆が掴みにくい。その後，担任が話しかけ，新しいプリントを渡していた。

〈学校での様子〉

・作文や読解，図形問題が苦手である。コンパスや習字道具を丁寧に扱うことが難しいときがある。図工は目標が高く，思いが表現できないとそれまでつくった作品を壊してしまう。

・集団行動をすることはできるが，自分のいら立ちがまさると，気持ちが抑えられなくなる。紙を破ったり，暴れたりする。落ち着いてから話をすると，素直に聞き入れる。

・昆虫を探すことが好きである。木や石で工作をすることも好む。生活習慣は身についている。よくしゃべるものの，コミュニケーションが上手くいかない面がある。

〈背景情報〉

・家族構成は，父，母，2人の妹，2人の弟の7人家族。病院から衝動的な面に対する薬が出ており，服薬している。知的な発達もゆっくりである。

・保護者と密に連絡を取り，学校で守るべきルールなどを相談するなど，協力している。

・暴れたりしたときなどは教務主任や教頭が対応し，職員室に来て，落ち着くことをルールとしている。

 専門家からのアドバイス

Point 児童が落ち着いている状態のときに目標を共有しよう

　活動が苦手か得意かにかかわらず，自身の思い描いている状態にならないと満たされないようです。また，その満たされない気持ちがプリントを破ったり，暴れたりする行動になってしまうのでしょう。一方で，落ち着いてからは何が嫌だったか，どうすればよかったなどの話をして聞き入れていることから，ダンも気持ちのコントロールに困っていると考えられます。

　継続的に服薬していくことによって，気持ちをコントロールしやすくなるときもあるでしょうが，クールダウンできる環境や，活動前の落ち着いている状態のときに，今日のゴールをダンと共有していくなど，学校としてできることをしていきたいところです。

包括的な支援ポイント

・作文や図工，コンパス等の活動に取り組みにくい理由が何かあるのでしょうか？
　⇒共通項として不器用さもあります。不器用な面に対するサポートも検討しましょう。

・職員室に来て落ち着くというルールは高学年になっても継続した方がよいでしょうか？
　⇒場所はどこであれ，本人の気持ちがコントロールしやすい環境を最優先に考えましょう。

・薬の服薬については，どのように連携していけばよいでしょうか？
　⇒不安なことがあれば保護者を通して主治医に聞き，養護教諭も含めて共通理解しましょう。

的外れな発言をすることで周りの目を引く小学4年生のユウト
周囲との関係の中で，自分をコントロールしていけるようにしよう

Before

> 授業中や休み時間に的外れな発言を多くすることで，クラスの友だちの目を引くことが増えてきています。

専門家に状況を伝えるための改善ポイント

　ユウトはクラスの友だちの目を引くために，わざと的外れな発言をしているのでしょうか。それとも，教師や友だちとの会話の文脈が理解できないために，コミュニケーションとして的外れな発言をしてしまうのでしょうか。教師に感じられた，発言をしているときのユウトの状態について伝えてください。

　また，的外れな発言とは具体的にどんなものでしょうか。伝えられる範囲で記録していただけると，ユウトについての理解が拡がっていきます。

After

> 授業中や休み時間に，「動物園に行った」など内容に関係のない的外れな発言を多くすることで，クラスの友だちの目をわざと引くことが増えてきています。

専門家の観察シート

〈授業場面を観察すると〉

　図工の授業を観察する。絵の具を使って，学校の風景を描く授業をしており，ユウトは2，3名のクラスの児童と校門近くにある大きな木を描いていた。ゆっくりではあるが，丁寧に描かれており，集中している様子を見せた。時折，肩に力が入るような仕草を見せている。

→肩に力が入るのは，チックのような状態がある様子だった。集中して描いていたため，友だちとやりとりする様子はあまり見られなかったが，休憩時間になると話しかけに行っていた。

〈学校での様子〉

・学習中に，教室で泣くことが多くなってきた。担任の話を聞いているものの，理解はしていない様子である。足は速く，絵は得意である。

・急に天井を見上げたり，視線が定まらなかったりすることも増えている。下を向いたり，体を縮めたりする。学期が進むにつれて，とても活発に表現するようになってきた。

・周りの友だちからは理解されており，的外れな発言がいじめにつながってはいない。

〈背景情報〉

・家族構成は，父，母，弟との4人家族。療育センターで就学前に広汎性発達障害の診断を受けた。週4回通級に行っている。WISCの結果が，境界域から平均へと上がっている。

・保護者とは連絡帳を使って，コミュニケーションをとっている。具体的な指示が今までの学校生活を通して身についてきていると保護者は感じている。

・的外れな発言に対しては，クラスの友だちとの橋渡しをしながら，本人の願いを聞いた上で，どんな言い方をするとよいのかを言語化するようにしている。

 専門家からのアドバイス

Point 周囲との関係の中で，自分をコントロールしていけるようにしよう

　保護者も実感しているように，これまでの学校生活の積み重ねを通して，ユウトは周囲の状況をよりよく理解できるようになったようです。表現が豊かになってきたことからも，発達が進んでいることが分かります。この成長があるからこそ，状況にかかわりなく友だちの気を引こうとして，的外れな発言をしているのではないでしょうか。

　周囲との関係の中で，どのようにして自分自身をコントロールしていけるようになるのかという発達上の課題が生まれている時期と考えられます。ユウト自身の思いを言語化していくプロセスを通して，徐々に自分の内面を調整できるようにサポートしていきましょう。

包括的な支援ポイント

・的外れな発言が続くと，呆れられるなど周囲からの応答が厳しくなってくるでしょうか？
　⇒周囲との理解は大切であり，橋渡しをされている教師の対応を続けていってください。

・通級担当の教師とどのように連携していけばよいでしょうか？
　⇒通級でソーシャルスキルの練習をするなど，児童に必要な指導内容を検討しましょう。

・検査結果について保護者と相談するときに気をつけた方がよいことはありますか？
　⇒検査結果は児童の一面で，IQだけでは評価できない面があることも伝えましょう。

しゃべりだしたら止まらない小学6年生のアオ
児童の役割を具体的に伝える声かけや指示を心掛けよう

Before

Assessment Sheet

> 急に自分の関心のある話をし始めます。授業中は「あとで話そうね」と言うと静かにしますが，時々「あとでね」が効かないので困っています。

専門家に状況を伝えるための改善ポイント

アオにとって，「あとでね」という声かけが効かない場面があるようです。授業中は指示を聞けるのですが，指示が聞けないのはどんな場面なのでしょうか。指導に困っているときの状況をできるだけ詳しく書いてみてください。

また，アオが急に自分の関心のある話をしゃべりたくなるのはどうしてでしょうか。しゃべりたくなるのには理由があるはずです。アオがしゃべるのを止めさせることに，教師は重点を置き過ぎていなかったでしょうか。

After

Assessment Sheet

> 普段の授業中は「あとでね」と言うと静かにするのですが，朝の会や帰りの会では，「あとでね」が効きません。急に自分の関心のある話をする理由が知りたいです。

専門家の観察シート

〈授業場面を観察すると〉

バスケットの試合の授業を観察する。観戦中は，隣の生徒としゃべりながら試合を見ている。試合中は，アオはボールの動きを目で追っているものの，身体はほとんど動けていないが，ボールを味方にパスしたり，ラインから出たボールは取りに行ったりしている。

→友人と親しく接することをアオは願っている様子。試合で相手に合わせて臨機応変に動くことは苦手かもしれないが，自分の役割が明確に分かれば動くことができる。

〈学校での様子〉

・教科書やノートを全体の指示で開くことはできない。個別に声をかけても，その時だけ指示に従い，しばらくすると空を見つめている。成績は他の生徒に比べてかなり低い。

・優しくて，思いやりがある。自分から親しく接したい友達にかかわろうとする場面もある。

・電車や路線バスに強い関心がある。また，学校の予定表が気になる様子。授業後の支援員による補習の予定などについて話をしている。

〈背景情報〉

・家族構成は，父，母との３人家族。父母は，「変わってはいるが，本人が成長するにつれて，おさまっていくものだ」と考えている。発達検査等は受けていない。

・保護者が日頃，彼に対して使っている言葉で指導すると，指導内容を受け入れやすい。１対１で，落ち着いた場所で丁寧に話をすると，指導内容を理解することができる。

・学校では情報共有を細かく行い，彼の現状把握に努めている。家庭との連絡を密に行い，指導への理解をしてもらっている。

  専門家からのアドバイス

Point 児童の役割を具体的に伝える声かけや指示を心掛けよう

　１対１の個別の働きかけや日頃から一貫性のある働きかけをすると伝わっています。また，予定表への関心や役割が分かると動けることから，見通しがもてる声かけや指示がよさそうです。逆に言うと，アオがしゃべってしまうのは見通しが持てず，不安なときではないかという理解が生まれてきます。

　「あとでね」という指示も授業中は通じるのに，朝の会や帰りの会で通じないのは，どれくらい待てばよいのか分かりにくいのではないでしょうか。「○○分まで待って」など具体的な指示や話を聞く，メモをするなど，アオの役割を分かりやすくするとどうでしょうか。

包括的な支援ポイント

・自分自身でしゃべらないようにコントロールしていけるにはどうしたらよいでしょうか？
　⇒アオが意識してかどうかにかかわらず，静かにできたときには褒めていきましょう。

・学力面への配慮も必要です。本人の最適な学びの場になっているでしょうか？
　⇒ＴＴや支援員の配置など，校内体制を確認しましょう。

・保護者対応による担任の負担が大きくなっていないでしょうか？
　⇒コーディネーターも保護者の窓口となり，要望や不安などを丁寧に情報共有しましょう。

自分の気持ちを言葉にすることが苦手な小学1年生のアサヒ
枠組みある環境からのアプローチを探ってみよう

Before

Assessment Sheet

自分の気持ちを言葉にすることが苦手で，大きな声で泣いてしまいます。授業中に突然立ち上がり，そのままどこかへ行ってしまうことがあります。

専門家に状況を伝えるための改善ポイント

　入学当初の小学1年生に，時々，見られる姿でありますが，専門家に相談したいと担任が感じる何かがアサヒにはあるのではないでしょうか。授業中にいきなり立ち上がったり，どこかへ行ってしまったりする理由がいまひとつ掴み切れていないのであれば，その分からなさを率直に伝えてください。

　また，涙を流してしまうのはどのような状況のときでしょうか。アサヒが自分の気持ちを伝えられず困っていると思われたときを具体的に知らせてください。

After

Assessment Sheet

自分の気持ちを言葉にすることが苦手で，集団で行動するときに大きな声で泣いてしまいます。授業中に突然立ち上がり，そのままどこかへ行ってしまう理由が分からずにいます。

専門家の観察シート

〈授業場面を観察すると〉

　算数の授業を観察する。計算問題に集中して取り組んでいたのだが，突然，時計の方を見た後に，教室の後ろにあるアサヒのロッカーに向かい，ランドセルを空けようとした。担任が「どうしたの」と声をかけるが，何かを担任に伝えた後に，ランドセルの中を見ていた。

→授業後に担任にこの場面を聞いたところ，「時計の針が1になったら，ランドセルを確かめるの」と言っていたとのこと。何かの約束ごとがあったのかもしれない。

〈学校での様子〉

・落ち着きがなく，何事もマイペースでワンテンポ遅れている。声をかけられても，目が合わず，首をかしげてボーッとしていて，聞いていない様子がある。

・不器用ではあるが，学力に問題はない。運動が苦手で，２つのことを一緒にすることができない。水に触れることを極端に嫌がる。

・虫に興味を示したことがあった。穏やかな性格で，友だちと喧嘩するなどのトラブルになることはほとんどない。

〈背景情報〉

・家族構成は，父，母，妹との４人家族。就学前に療育センターを進められたことを母親が不快に思っている。共働きで，祖母が自宅で世話をすることが多い。

・教室のドアを閉めると，教室外に出ていこうとすることは減る傾向にある。泣いているときは，すぐに担任の側に来る。気持ちが落ち着くのか，泣き止むのが早い。

・学年の教師や教務主任に相談をしながら，校内体制を整えつつある。

 専門家からのアドバイス

Point 枠組みある環境からのアプローチを探ってみよう

　観察した場面はとても面白く感じました。状況に関係なく，約束事を確認しようとするところにアサヒの不思議さがあります。一見分かりにくいものですが，アサヒが動いてしまう理由はありそうです。コミュニケーションも漠然としているところから，学校生活の流れを把握しているかどうかを確認した方がよいでしょう。

　集団で行動する場面では，約束事も明確ではありませんし，不安が強くなってしまうのかもしれません。また，教室のドアを閉めると立ち歩きが減ったり，担任に頼ることで落ち着いたりすることから，見通しや枠組みのある環境からアプローチが有効であると考えられます。

包括的な支援ポイント

・環境からアプローチすると，気持ちを言葉にしてくれるようになるでしょうか？
　⇒学校が安全で安心な場所であることが分かると，徐々に自分を表現してくれます。

・不器用さや感覚過敏もありますが，全部にアプローチした方がよいでしょうか？
　⇒苦手さが変えられない特性であるかどうかを見極めていくことが求められます。

・保護者に支援の必要性を伝えていった方がよいでしょうか？
　⇒慎重に行うべきですが，懇談等で子どもの変化や保護者の困り感を探りたいところです。

朝の会や帰りの会のルーティーンができない小学1年生のヒナタ
援助を減らして，自発的な行動を促してみよう

Before

Assessment Sheet

> 用具をしまったり，連絡帳を書いたりなど，朝の会や帰りの会のルーティーンができません。

専門家に状況を伝えるための改善ポイント

朝の会や帰りの会の具体的な場面を伝えてくださっており，学校生活の準備や片付けといった生活面に課題のあることが伝わってきます。では，授業中にヒナタはどのような様子を見せているのでしょうか。知りたいところです。

また，朝の会や帰りの会で，担任はどのような環境を創っているのでしょうか。いろいろな工夫はされているかと思いますので，可能な範囲で実施されていることを伝えていただけると，支援の手がかりが見えてくるかもしれません。

After

Assessment Sheet

> 授業中は静かに座っていますが，用具をしまったり，連絡帳を書いたりなど，朝の会や帰りの会のルーティーンが，横で見守りながら支援していますが，できません。

専門家の観察シート

〈授業場面を観察すると〉

算数の授業を観察する。教壇を取り囲むように3名の児童が自身の机を移動させている。その中の1人がヒナタだった。担任が全体に対して指導しているときは，消しゴムで手遊びしているが，個別に指示をすると，素直に取り組めている。

→教師が座席配置を工夫しており，全体指導の後に，素早く個別に支援できるようにしていた。この形式になじんでいるようで，学習に取り組もうとする意欲が見られる。

〈学校での様子〉

・字の読み書きはまだできないが，平仮名は覚えた。数の認識はできている。運動は苦手であるが，図工の時間は楽しそうに取り組んでいる。板書を写すのは難しい。

・性格は穏やかで素直である。周りが声かけをしてくれることもあり，みんなと仲良く過ごしている。「ありがとう」や挨拶はこちらから促すと言える。

・レゴブロックや粘土，工作が好き。虫や電車の話もする。基本的な生活習慣は身についている。楽しくなると笑うが，普段の表情は乏しい。

〈背景情報〉

・家族構成は，父，母，姉との４人家族。医療センターにて，広汎性発達障害と診断を受ける。年長児の発達検査では，発達年齢は４歳半程度とされる。

・保護者は特別支援学級に行くべきかどうか悩んでいる。急かされることが苦手で，学童を辞め，放課後等デイサービスに通うようにした。

・校内で状況を共通理解し，保護者が通級や特別支援学級の見学などをできるようにした。

 専門家からのアドバイス

Point 援助を減らして，自発的な行動を促してみよう

　教卓の横で個別に丁寧な声かけができる環境を創ることで，ヒナタが授業を受けやすくなっていることが分かります。一方で，朝の会や帰りの会などでは，座っているだけでなく，移動も多いですし，荷物を出したり片付けたりなど活動も増えます。ヒナタは反応がゆっくりであり，時間をかければできるかもしれませんが，クラス運営もあるので悩むところでしょう。

　情報が多い状況がありますので，まず絞って伝えることが必要です。また，すべてをこちらで指示してしまうと自発的な行動が生まれにくくなります。担任の援助を徐々に減らし，できてほしいターゲットになる行動を絞ってみるのはどうでしょうか。

包括的な支援ポイント

・表情が乏しいため，何を感じているのか掴みにくいときがあります。

　⇒これまで過剰支援であったかもしれません。答えを急がないやりとりをしましょう。

・学力が大変厳しい状況です。どこまでの内容ができることを求めればよいか悩みます。

　⇒すべてをやることを目指すよりも，本人の達成感や充実感が持てる内容も検討しましょう。

・特別支援学級や通級を見学した保護者にどうかかわるべきでしょうか？

　⇒見学を踏まえて，本人にとってどんな学びがよいのか共に考えていく姿勢で臨みましょう。

マイペースで取り組みが遅い小学1年生のイオリ
児童の特徴ある姿を支援に活かそう

Before

Assessment Sheet

マイペースな面があり，他の子に比べて取り組むペースが遅れることがよくあります。優先順位をつけて行動するのが難しいです。

専門家に状況を伝えるための改善ポイント

どのような場面でペースの遅れが表れているのでしょうか。また，イオリはその活動内容をどこまで把握しているのでしょうか。おそらく，他の児童が活動に取り組んでいる中で，自分のしたいことをしている面をマイペースとされているのではないかと推察されますが，授業中のイオリの参加状況をもう少し具体的に伝えていきましょう。

また，イオリのマイペースなところは，支援を考えていく上で手がかりとなる可能性があります。どんなことが好きで，興味があるのか分かる範囲で教えてください。

After

Assessment Sheet

授業中に消しゴムが気になって触るなど，マイペースな面があり，他の子に比べて取り組むペースが遅れることがよくあります。優先順位をつけて行動するのが難しいです。

専門家の観察シート

〈授業場面を観察すると〉

国語の授業を観察する。教科書をクラスの子どもたちが読んでいる中で，イオリは消しゴムに鉛筆を突き刺して，穴をあけようとしていた。黒板には，ランドセルの荷物を片付ける手順や，下敷きをひくなど，ノートを書くときの手順が書かれていた。

→教室の環境を分かりやすく構造化しようとする教師の意図が伝わってきた。そういった配慮があるものの，イオリは授業に取り組みにくい理由が何かあるのだろうか。

〈学校での様子〉

・ひらがな，漢字はまだきちんと身についていない。「うれしい」を「うでしい」とするなど書き違いもある。20までの足し算・引き算は指をつかってできる。

・授業は座って受けているが，ボーッとするなど，話を聞けないことが多く，一斉での指示が通りにくい。消しゴムなどが気になり，集中力が続かないことが多い。

・絵を描くことが好きで，キャラクターの絵などを描いていることが多い。

〈背景情報〉

・家族構成は，父，母，弟との4人家族。WISCを受け，IQは中の下であった。週に2回デイサービスに通っている。

・保護者が友だちのことについて口を出してくるようで，イオリ自身が気にしてしまい，あまり友だちと遊んでいない。

・他の教員に個別支援に入ってもらう時間を増やすなど，校内での協力体制はある。物事の手順を黒板に書き，視覚的に確認できるようにしている。

 専門家からのアドバイス

Point　児童の特徴ある姿を支援に活かそう

　絵を描くことが好きなところからイオリの視覚優位な面を掴み，構造化された授業環境を創っていることが伺えました。イオリだけでなく，クラスにいるすべての子どもたちにとっても分かりやすい環境といえます。しかし，イオリの状態からすると，学習内容の理解が難しいのかもしれず，まだ支援できる余地がありそうです。

　観察場面だけでなく，授業において，消しゴムをいじる姿がよく見られるようです。イオリの特徴あるこの姿を支援に活かせないでしょうか。例えば，今日の課題を絵や箇条書きで記し，できた活動は消しゴムで消すなどして，達成感を持てるようにすることも可能です。

包括的な支援ポイント

・手順を黒板に示す以外に，教室環境で構造化のできるところはありますか？
　⇒写真で片付ける場所を示すなどありますが，対象児童の状態を踏まえて実施してください。

・他の教員に協力してもらっている，個別の支援は継続した方がよいでしょうか？
　⇒現状は継続しつつ，児童の状態に応じて，支援を減らしていくことも検討しましょう。

・友だち関係に口を出してしまう保護者に何を伝えていけばよいでしょうか？
　⇒友だちと上手くやれるかどうかという心配の背景を探っていきましょう。

運動面が苦手で，独特な身体の動かし方をする小学1年生のミク
多角的な視点から連携し，児童の課題を明確にしよう

Before

Assessment Sheet

運動面が苦手で，身体の動かし方が独特です。また，指先に力を入れることが苦手な様子も見られます。

専門家に状況を伝えるための改善ポイント

発達性協調運動症に見られるような，身体の動かし方の不器用さがあるのでしょうか。運動面の苦手さや，独特な身体の動かし方とは，ミクのどのような姿に表れるのでしょうか。教師が気づかれたところを伝えてください。

また，指先の不器用さも併せ持っているのかもしれません。ミクが，指先に力を入れることが苦手に感じられた理由などはありますでしょうか。それを教えていただけると，支援の糸口が見えてくるかもしれません。

After

Assessment Sheet

階段を一段ずつ降りるなど運動面が苦手で，身体の動かし方が独特です。また，牛乳瓶のふたを自分で開けることができないなど，指先に力を入れることが苦手な様子もあります。

専門家の観察シート

〈授業場面を観察すると〉

国語の授業を観察する。ひらがなの練習をしている。練習しているノートを見てみると，手本通りに書けていないことに加えて，筆圧が弱く，読むのが難しい状態であった。しかし，最後まで黙って粘り強く集中して課題に取り組んでいた。

→手先の力の弱さや不器用さがうかがえ，牛乳瓶のふたが開けられないのも納得できる。集中力はある。休憩時間に階段を下りるときは，荷物を持っているのもあり，よろめいていた。

〈学校での様子〉

・学習全般で，全体指導の際，話を聞いていないことが多い。文章題が苦手である。平均台は手をつなげばできる。鉄棒は怖がってやらない。

・対人関係はあまり心配していない。休み時間に外に行こうと誘うと，担任と一緒なら外に出られるようになってきた。ただし，担任が行かないと行かない。

・机の上からよく物を落とすが，気づかない。いつも椅子を斜めにして座っている。

〈背景情報〉

・家族構成は，母，祖母との３人家族。保護者に相談し，教室での様子を伝えたころ，協力的になった。不器用さなどは，これまであまり気にしたことはないとのことだった。

・入学間際に引っ越してきて，母は仕事を始めた。保育要録には「体幹が弱く，食事中の姿勢を継続的に保つのが難しい」と記されていた。

・ひもを結ぶなど細かい作業をやらせることもある。縄跳びに苦手意識があり，家庭で練習を一緒にやってくれている。

  専門家からのアドバイス

Point 多角的な視点から連携し，児童の課題を明確にしよう

　よろめきながら階段を１歩ずつ降りる姿を観察し，体幹の弱さ，または，平衡感覚が弱いという印象を持ちました。また筆圧が弱いことからも，手先も含めて身体全体の不器用さがミクにはあるといえそうです。体力をつけていくことによって，学習面や行動面がどのように変化してくるのかをみていきましょう。

　この相談においては，担任の資料だけでなく，保育からの引継ぎや保護者の協力もあり，多角的な視点から，体力面が課題であることがより明確になりました。連携していくことで，ひも結びや縄跳びなど，ミクのなすべき支援も適切に行われることとなりました。

包括的な支援ポイント

・担任とは関係ができてきましたが，担任以外の児童と遊ぶにはどうすればよいでしょうか？
　⇒縄跳びなど児童に行っている支援を友だちと一緒に行う時間をつくってみましょう。

・保育施設との連携をしていくときには何を大事にすればよいでしょうか？
　⇒育ちが連続しているという観点に立ち，要録等の資料を活用していきましょう。

・保護者に課題を伝えていくときに注意した方がよいことはありますか？
　⇒想定外のことを指摘され焦る保護者もいますので，支援の手立てとセットで伝えましょう。

気が乗らないと全く取り組むことができない小学2年生のアオイ
児童の苦手な学習の中に得意な面を活かした支援を考えてみよう

Before

学習に気が乗らないと全く取り組むことができません。鉛筆や文房具などでの手遊びが止まらなくなります。

専門家に状況を伝えるための改善ポイント

　学習に気が乗らないときがあるようですが，逆に，集中して取り組むことができるときもあるのでしょうか。アオイには気分のむらがあると捉えてよいのかどうか知りたいので，どんな場面だと取り組めるのか（取り組めないのか）を伝えてください。

　また，何かをし始めるとその行動が止まらなくなってしまう傾向もあるようです。何らかの行動が止まらなくなるのは，他にもあるのでしょうか。担任の掴んでいるところで教えてください。

After

興味をもった課題には進んで取り組みますが，学習に気が乗らないと全く取り組むことができません。自分の話をし続け，鉛筆や文房具などでの手遊びが止まらないなどあります。

専門家の観察シート

〈授業場面を観察すると〉

　算数の授業を観察する。九九の学習をしているが，指をつかって数えようとするなど，少し苦戦している様子であった。座席は担任の目の前にしており，個別の指示がすぐにできる環境になっている。全体に授業をしているときは，鉛筆を机の上でコロコロ転がしていた。
→座席には座っており，学習をしようとはしているものの，少し理解が難しくなってきている様子である。机の上には，ハサミやテープもあり，整頓はされていないのも気にかかる。

〈学校での様子〉

・好きな本は，漢字仮名交じり文でもすらすらと読むことができる。算数では計算に時間がかかり，九九も不完全であるため，問題数を減らしている。

・相手の状況を考えず，自分が話したいことを話し続ける傾向がある。舌足らずな印象があり，発音が明瞭に聞こえないことがある。

・クラスの友だちと一緒に遊ぶ姿も見られるが，休み時間では図書館などに行くことが多い。

〈背景情報〉

・家族構成は，父，母，姉，弟との5人家族。母は協力的で，検査等も積極的に行ってくれる。父はあまり育児に協力的ではない様子である。

・KABC―Ⅱを実施したところ，認知面は境界域にあった。また，語彙尺度・読み尺度が高かった一方で，書き尺度，算数尺度が低く，習得面にアンバランスな面が見られた。

・書く量を減らし，ゴールを明確にしている。教室前方の掲示物を少なくしたり，道具箱を預かったりなどして，刺激を減らしている。

 専門家からのアドバイス

Point 児童の苦手な学習の中に得意な面を活かした支援を考えてみよう

　アオイは自分のやりたいこと，興味あることに対しては前向きに取り組んでいるようです。特に，KABC―Ⅱの結果からは文字を読むことについては平均的な力はあり，本人の得意とするところです。一方で，書くことや算数は苦手な分野といえます。学習に気が乗らないと考えるよりも，アオイにとっては理解に難しさを感じている学習と見立てた方がよいのでは。

　アオイの認知面や学習面のアンバランスに対して，担任がこれまでに様々な環境の工夫や配慮をされていることも伝わってきました。それらを継続する中で，苦手な学習の中に物語的な要素を入れるなど得意な面を活かした支援も検討してみましょう。

包括的な支援ポイント

・ハサミやテープで手遊びをするのはやめさせていますが，それでよいでしょうか？

　⇒道具箱にしまうなど，授業にかかわりのないものは片付けるようにしましょう。

・知能検査や発達検査の結果を読み取っていくことができた方がよいでしょうか？

　⇒研修等を受講する機会を，教師個人ではなく学校として提供していただければと思います。

・母と父で児童に対する理解に差があるときにどうすればよいでしょうか？

　⇒児童の様子を客観的かつ丁寧に伝え，少しずつでも成長を共有していきましょう。

自己肯定感の低い発言が多くみられる小学2年生のハルト
ネガティブな発言の裏にある児童自身の願いを読み取ろう

Before

Assessment Sheet

「死にたい」「飛び降りたい」といった自己肯定感の低い発言が見られ，教室から飛び出していきます。

専門家に状況を伝えるための改善ポイント

とてもネガティブな発言がハルトから出たとき，担任としてはどのように対応すればよいのかと困惑するところと思います。自分を傷つける行為を予防していくことはもちろんのことですが，「死にたい」と思うくらいの気持ちになってしまう背景を探っていく必要があるでしょう。

自己肯定感の低い発言はどんな時に見られるのかを伝えてください。また，その時に担任としてどのように対応しているのかを可能であれば教えてください。

After

Assessment Sheet

友だちとトラブルになったときに，「死にたい」「飛び降りたい」といった自己肯定感の低い発言が見られ，教室から飛び出していきます。発言内容によっては，後を追います。

専門家の観察シート

〈授業場面を観察すると〉

国語の授業を観察する。1番前の席に座っている。漢字の練習には積極的に取り組んでおり，自由帳に何度も書いている。授業が始まりしばらくすると，机を鉛筆で叩いて音を出したり，椅子を後ろ斜めにしてバランスを取って座ったりなどし始めた。

→前半の積極的な様子から，後半の落ち着きのない様子まで両極端な姿が見られた。後者について，他の児童と違う方法で自分をアピールしていると担任は受け止めていた。

〈学校での様子〉

・学習面に関しては全体的に意欲も能力もある。ただし，体育など苦手だと思われることになると調子が悪いという節がある。宿題は必ず提出している。

・教室から飛び出す原因は，友だちとのトラブルがほとんどで，家に帰ろうとする。遊びのうちに言い合いになり，相手にちょっかいをかけたり，「死ね」など言ったりすることもある。

・飛び出してから教室に戻ってくるときは，教室の様子を何度かのぞいてから，フラッと入ってくる。友だちや担任に声をかけてもらってから，活動に取り組んでいる。

〈背景情報〉

・家族構成は，父，母，弟との4人家族。両親ともに学校行事に参加するなど，熱心である。

・母は穏やかな性格で，ハルトが周りに受け入れてもらいにくい面のあることを案じているが，共に成長していってほしいと願っており，特に焦っている様子は見られない。

・クールダウンのときは，担任とどこでいつまで行うのかを約束する。友だちと気持ちよく過ごすために行動を一緒に振り返り，よかったところは褒めるようにしている。

  専門家からのアドバイス

Point ネガティブな発言の裏にある児童自身の願いを読み取ろう

　集まってきた情報から，友だちと仲良くしたいという気持ちが強くあるものの，友だちと言い合いになってぶつかってしまい教室を出ていこうとする，アンビバレントな状態にハルトはあるといえるでしょう。友だちと仲良く過ごすことができるようにしたいと願っているのは，担任や保護者だけでなく，ハルト自身もだと考えられます。

　クールダウンをして落ち着いた状態であれば，落ち着いて対話をすることができそうです。嫌なことがあったとき，自分の気持ちをどう伝えればよいのかをハルトと一緒に考える時間を引き続きとるとともに，何も起こさずに過ごせた日があれば，それも褒めていきましょう。

包括的な支援ポイント

・トラブルになる児童にも，指導をしていく必要があるでしょうか？
　⇒その児童とも発言や行動の裏側を一緒に考えていく姿勢が求められます。

・ネガティブな発言が出ると心配になります。どのように対応すればよいでしょうか？
　⇒担任1人で対処しようとはせずに，コーディネーターはじめ関係者と情報共有しましょう。

・保護者とどのように連携を取っていけばよいでしょうか？
　⇒協力に感謝しながら，家庭で気持ちをどのように立て直すかなどを共有していきましょう。

同学年の友だちとのコミュニケーションがとれない小学2年生のユイ
児童の間で思いやりが生まれてくる環境を創っていこう

Before

Assessment Sheet

同学年の友だちとうまくコミュニケーションがとれず，泣いてしまいます。泣いてしまうと何もしなくなります。

専門家に状況を伝えるための改善ポイント

友だち全般ではなく，同学年の友だちと書かれているということは，他学年の児童とのコミュニケーションでは違う姿をユイはみせてくれるということでしょうか。違いがあれば，ぜひ伝えてください。

また，コミュニケーションがとりにくいとはどういう状況でしょうか。ユイが泣いてしまう前に，友だちとどのようなやりとりがなされているのか，分かる範囲で教えてください。

After

Assessment Sheet

上の学年の児童には可愛がられ，気持ちを読みとってもらえますが，同学年の友だちには話したいことが伝えられず，泣いてしまいます。泣いてしまうと何もしなくなります。

専門家の観察シート

〈授業場面を観察すると〉

算数の授業を観察する。席は一番前で，担任からの指示が届きやすい場所に座っている。机の周りには，クレヨンや定規，下敷きが落ちている。担任が下敷きはどこか聞くと，慌てて探し始めて拾う。練習問題の時間では，ユイに教えに行く児童もいた。

→教えに行く児童もおり，友だちとのコミュニケーションが取れていないわけではなさそうである。担任との関係もよさそうで，困ったときには担任を呼んでいる姿もあった。

〈学校での様子〉

・1ケタの足し算（繰り上がりなし）や，引き算は指折りで数えるなどして自力でできる。音読ができない。1年生で学習した，画数の少ない漢字は正しく書くことができる。

・自分の好きなことや自分の経験したことは，学級全体の前で話すことができる。一方，興味のない内容のときは，授業中に寝転がったり，立ち歩いたりすることがある。

・架空の人物をつくり，苦しいことから逃れようとすることがある。また，クレパスの並べ方にこだわりを持っている。偏食があり，給食で苦手なものはほとんど食べない。

〈背景情報〉

・家族構成は，父，母，姉との4人家族。幼稚園の頃に一度，発達検査を受けたそうだが，境界域であったとのことだった。

・母の言うことを聞かず，よくケンカしている。母もイライラしてしまうときがある。

・ユイに対する友だちからの理解が得られるように，クラスの子どもたちに声かけをしている。泣かれると戸惑う子もいたが，気持ちを尋ねる児童もでてきた。

  専門家からのアドバイス

Point 児童の間で思いやりが生まれてくる環境を創っていこう

　ユイのように，自分の気持ちを表現するのが苦手な児童の中には，上の学年の児童と仲が良い子もいます。上の学年の児童が気持ちを読み取ってくれるので，ユイも安心感があるようです。一方，同学年の児童とは対等な関係で，気持ちを読み取ってくれるとは限りません。コミュニケーションが上手くいかないこともあるのでしょう。

　しかし，教師の配慮のもと，周りの児童も徐々にユイとの付き合い方を分かってきつつあるようです。友だちなりにユイとのコミュニケーションを紡いでいこうとする思いやりがあることは素晴らしいです。誰もが受け入れられるクラスの環境を創っていくようにしましょう。

包括的な支援ポイント

・架空の人物をつくると，やりとりが難しくなります。どうすればよいでしょうか？
　⇒落ち着こうとしているので見守りつつ，その独特な世界を教えてもらうのもよいでしょう。

・幼稚園時に受けたような検査をもう一度受けてもらった方がよいでしょうか？
　⇒得意な認知能力について調べるなど，検査は何のためにするのかを明確にしましょう。

・イライラを募らせてしまう母親にどのようにアプローチすればよいでしょうか？
　⇒SCの紹介や，連携が必要なタイミングを探っていきましょう。

分からないことがあると固まってしまう小学３年生のリツ
状況をまとめ上げるのをサポートしてみよう

Before

> 分からないことが出てくると，１時間くらい動きが固まってしまいます。どんな場面で固まってしまうのか予測ができていません。

専門家に状況を伝えるための改善ポイント

　動きが固まってしまうと，コミュニケーションがとりづらくなってしまいますが，それが１時間も続いてしまうと，対応に苦慮することが推察されます。リツはどんな内容が分からないと感じているのでしょうか。その中身が知りたいところです。

　一方で，リツが固まってしまうときの予測のしにくさもあるようです。固まっていると担任が感じられたとき，リツはどんな様子なのでしょうか。その様子をもう少し伝えていただけると手がかりが出てくるかもしれません。

After

> 心情を考える学習などで分からないことが出てくると拗ねる様子を見せ，１時間くらい動きが固まってしまいます。どんな場面で固まってしまうのか予測ができていません。

専門家の観察シート

〈授業場面を観察すると〉

　算数の授業を観察する。かけ算の計算に関する内容で，やり方が分かっているからか，リツは練習問題を次々と解いている。練習問題の終了後，文章題の説明を始めたが，今度はほとんど動くことなく，表情があまり見られないまま担任の方を見ていた。

→文章題に関する説明のときのリツが固まっている状態かどうかは判断できなかったが，計算問題をやっているときと比べると，表情が硬い印象を受けた。

〈学校での様子〉

・学力は低めである。登場人物の気持ちを考えたり，自分で考えてまとめたりすることが苦手である。計算はできるが，文章問題を読み解くことが苦手。

・集団行動はできている。相手の気持ちや状況をあまり理解できていない。休み時間には，友だちと遊んでおり，よくしゃべっている。

・固まることは１年のときからあったが，当時は20分程度であった。友だちとトラブルになるときがあり，怒ってしまうと相手をおさえつけてしまうときがある。

〈背景情報〉

・家族構成は，父，母，弟との４人家族。父は，固まってしまうことを「甘え」と思っている。母は様々な場所で相談してきたが，改善が見られないことに疲れ始めている。

・保護者が多動・衝動傾向を心配し，病院を受診した。知的な遅れは見られなかった。

・ゆっくり声をかけるが，なかなか行動にうつせない。固まってしまったときは，教務主任が対応し，本やオセロなど，気分がまぎれるものでクールダウンを行う。

  専門家からのアドバイス

| Point | 状況をまとめ上げるのをサポートしてみよう

　固まってしまうのは学習場面が多そうで，リツ自身の考えをまとめることが求められたり，今後の見通しが持ちにくかったりするときに出てくる姿で，拗ねているように見えることから本人も困っているのかもしれません。一方で，友だちとのトラブルでリツは手が出てしまうようで，保護者も多動・衝動傾向を心配しています。固まってしまう面と衝動的な面との両面がリツにあることが，行動の予測のしづらさにつながっています。

　状況をまとめ上げるのに時間がかかるものの，理解できればすぐに動けるとも考えることができます。リツに事前に内容を伝えることでスムーズに活動が進む可能性があります。

包括的な支援ポイント

・状況をまとめ上げやすくするにはどんなサポートがありますか？
　⇒見通しの持てるスケジュールや，学習内容を事前に伝えるなどを試みましょう。

・気分がまぎれるように遊びを用意していますが，徐々に減らした方がよいでしょうか？
　⇒本人なりの落ち着き方が分かってくれば，教室にもその環境を創ってみましょう。

・父親と母親で考え方の違いがあります。どのようにアプローチすればよいでしょうか？
　⇒両者の気持ちを尊重しつつ，児童の特性に対する共通理解を重ねていきましょう。

場面緘黙で表情の変化が乏しい小学3年生のレイ
対象児童なりのコミュニケーションを受け入れるクラス環境を創ろう

Before

Assessment Sheet

学校ではずっと緘黙で，表情の変化も乏しいです。メモのみでコミュニケーションをしています。

専門家に状況を伝えるための改善ポイント

　メモによってでも，レイがコミュニケーションを取ろうとしていることを大切にしていく必要があります。どんなときにメモを使ってコミュニケーションを取ろうとするのでしょうか。また，メモを渡すのは担任でしょうか，周りの友だちでしょうか。個人情報の許す範囲で伝えてください。

　さらに，小学校に入学して以来，ずっと緘黙であったのでしょうか。緘黙が始まった時期などが引継ぎされていれば，教えてください。

After

Assessment Sheet

　1年生の途中から学校では緘黙で，表情の変化も乏しいです。メモのみでコミュニケーションをしており，困ったことがあったときに担任に渡します。

専門家の観察シート

〈授業場面を観察すると〉

　国語の授業を観察する。クラスで音読していたが，レイは口を開くことなく，目で字を追っている様子であった。担任が心情を読み取る発問をしたところ，すべてひらがなで書かれていたが，レイなりに感じられたことが書かれてはいた。

→表情からはたしかに分かりにくかったが，物語の人物の心情を読み取ろうとはしており，前向きに授業に参加していた。このときにメモを渡す場面はなかった。

〈学校での様子〉

・漢字などの基礎的なテストで7割を取ることはできるが，メモはすべてひらがなで，漢字の定着は見られない。文字が崩れ，ひらがなでも読み取ることが難しいことがある。

・算数も基礎的な計算はできるが，文章題はできない。分からない問題では，固まって待っていることがある。板書のノートはとれるが，1マス空ける等はできない。

・3年生の当初は，メモで「入れて」と書き，友だちと遊ぶ姿があったが，夏ごろから見られなくなり，1人で絵を描いている。自分の意見を曲げない性格である。忘れ物が多い。

〈背景情報〉

・家族構成は，父，母，弟との4人家族。家庭ではとてもおしゃべりで，弟の面倒をよく見ている。父は宿題やワークを一緒にしている。母は学校でも会話してほしいと願っている。

・1年生のときは，幼稚園で仲のよかった友だちの前では話していたが，転校やトラブルなどがあったころから，メモによる交流がはじまったと引き継がれている。

・レイにとってよかったことや，されて嫌だったことを中心に家では話している。

 専門家からのアドバイス

Point 対象児童なりのコミュニケーションを受け入れるクラス環境を創ろう

　1年次の友だちとの上手くいかなかった出来事をきっかけに，場面緘黙になってしまったようです。しかし，困ったことがあったときに，担任にメモを通して伝えられることはレイの生きる力ともいえるでしょう。教師や保護者の方が，言葉によるコミュニケーションができるかできないのか，どうやったらできるようになるのかという点に目がどうしてもいってしまいますが，それはレイにとってプレッシャーになっていないでしょうか。

　メモによる筆談も1つのコミュニケーションの方法です。レイのありのままを受け入れてくれるクラス環境を創っていくことがまず求められています。

包括的な支援ポイント

・支援をし過ぎると手助けを待って，何も自分からしなくなることもありえるでしょうか？
　⇒ありえます。過剰支援にならないように，見守るべきは見守っていきましょう。

・周りの児童とのコミュニケーションをもっと取れるように働きかけるべきでしょうか？
　⇒プレッシャーに留意し，必ずしも言葉を必要としない活動（砂場等）を検討しましょう。

・保護者と継続的にどのようなやり取りをしていけばよいでしょうか？
　⇒学校での出来事や家での様子を共有し，楽しく学校生活が送れるようにしていきましょう。

自分の考えを伝えることができない小学4年生のソウマ
失敗しても大丈夫と思えるクラスづくりをしよう

Before

Assessment Sheet

自分の考えを書いたり発表したりすることが苦手なようです。固まってしまうことがあります。

専門家に状況を伝えるための改善ポイント

　自分の考えを発表する学習場面は小学校の活動場面では多くあります。それが得意な児童もいれば，苦手な児童もいると思いますが，ソウマはどうして苦手と感じているのでしょうか。担任が把握されているところで，その理由を伝えていただけると，ソウマに対する理解が拡がってきます。

　また，固まってしまうとのことですが，どんな様子なのでしょうか。その様子を伝えていただく中にも手がかりがあります。

After

Assessment Sheet

きちんと答えなくてはならないと思い，自分の考えを書いたり発表したりすることが苦手なようです。考えがまとまらず，固まってしまうことがあります。

専門家の観察シート

〈授業場面を観察すると〉

　音楽の授業を観察する。リコーダーの練習の成果を発表する時間となり，順番に演奏していく。ソウマの順番となった。練習中は真面目に取り組んでいたが，このときはリコーダーを手に持っているものの，吹こうとはしなかった。担任が配慮し，次の人へと進んだ。

→リコーダーを演奏しなかったのは，まだ自信がなかったのか，緊張してしまったのか分からなかったが，できなければならないという気持ちが大きすぎるように感じられた。

〈学校での様子〉

・漢字や計算の学習は，他の児童から遅れることもなくスムーズに行えている。宿題も忘れず提出
　しているが，文章を書く学習を行えていない。答え合わせで答えを言えないときがある。

・教師とのかかわりを求めている。教師の指示にも少しずつ応えられている。友だちに優しくする
　ことができ，要望に気持ちよく答える姿も見られる。

・鉛筆を削っていなかったり，ノートに書くスペースがなくなってしまったりすると，担任にその
　理由を言わないまま固まってしまった。少し時間を空けると伝えられる。

〈背景情報〉

・家族構成は，父，母，姉，兄との5人家族。上のきょうだい2人がしっかり者であるため，家庭
　の中で比較され，怒られることがある様子。

・母親は短気で感情的に叱るタイプではあるが，ソウマとの関係のつくり方を改善しようとしてい
　る。

・やることをできるだけ明確にし，固まることがないような配慮を校内で共通理解している。

  専門家からのアドバイス

Point　失敗しても大丈夫と思えるクラスづくりをしよう

　とても真面目で，失敗してはいけない，きちんと答えなくてはいけないという気持ちをソウ
マは強く持ちすぎているようです。それはこれまでの育ちから生じてきたものなのかもしれませ
ん。そういった気持ちがプレッシャーやストレスになって，考えのまとまりにくさや固まっ
てしまう姿を生み出してしまっているのではないでしょうか。

　そこで授業運営として，たとえ誰かが間違っていたとしても，責めることはなく，補い合っ
ていけるクラスにしてみてはどうでしょうか。ソウマの安心につながりますし，どの子どもに
とっても過ごしやすいクラスになっていきます。

包括的な支援ポイント

・答えにつまった児童がいたとき，クラスの他の児童たちに説明した方がよいでしょうか？
　⇒ケースにもよりますが，答えに詰まっても自然と助け合えるクラスであればよいです。

・鉛筆やノートなど環境面で困っているときはどうすればよいでしょうか？
　⇒環境面だけでなく，本人が困ったときに他者に伝えられるようにしていく必要があります。

・子どもとの関係の改善を目指している保護者に何かできることはないでしょうか？
　⇒連絡帳やSCなど，無理のない範囲でサポートに取り組んでみましょう。

学校に行くことを渋りがちな小学4年生のナギ
行動の背景にある身体症状に着目してみよう

Before

Assessment Sheet

夏休み以降，登校したがらないことが続きました。学校に来ることが苦痛にならないような環境整備やかかわり方について助言を得たいです。

専門家に状況を伝えるための改善ポイント

　生活のリズムが変わる夏休み明けは，学校に行き渋る子どもたちが見られ，教師にとって気をつけなければいけない時期です。ナギも何らかの理由で，学校に行きにくい状態にあるのでしょう。その背景を探っていくことにしましょう。

　シートの中で「苦痛」という言葉が目にとまります。ナギが「苦痛」に感じているのはどのようなことなのでしょうか。教師の掴んでいるところで，その内実を伝えていただけると，相談がスムーズに進みます。

After

Assessment Sheet

夏休み以降，登校したがらないことが続きました。活動が気分に大きく左右されますが，学校に来ることが苦痛にならないような環境整備やかかわり方について助言を得たいです。

専門家の観察シート

〈授業場面を観察すると〉

　社会の授業を観察する。座って授業を受けることができており，ノートを写している姿からは頑張ろうとする意欲が感じられる。ただ，身体がかゆいようで，背中や腕などをかゆそうにしている。秋の初めで部屋が乾燥していることも影響しているのかもしれない。

→常に身体をかゆそうにしていることが印象に残った。アトピー性皮膚炎があるのかもしれない。学習に対する意欲はあるものの，なかなか集中できないでいる様子だった。

〈学校での様子〉

・4年生になってから，頑張ろうとする意欲はある。算数の「角」の単元では，やり方を理解できていた。国語や社会など文章を書くことに対しては，苦手意識がある。

・学習に参加していることを肯定する姿勢でかかわっている。友だちもできて，休み時間には楽しく過ごす姿も見られる。全員での遊びにも加わることができるようになった。

・登校を渋っていたときに，「なぜ学校に行かなければならないのか」「学校に来ないとどうなるか」をナギと保護者と話し合った。その後は，欠席することはなくなった。

〈背景情報〉

・家族構成は，父，母，兄，弟2人，妹との7人家族。昨年度まで「発達検査を受ける予定」と言っていたが，結局受けなかった。4年次にWISCを行い，平均域であることが分かった。

・肌の荒れがひどいときがあり，授業中でも薬を塗ることを認めている。通院治療も行っており，症状に改善もみられた。

・考えさせることを強制させず，分からなければ写すという支援を校内で共有している。

  専門家からのアドバイス

Point 行動の背景にある身体症状に着目してみよう

　授業場面を観察することで，アトピーの症状がナギに大きく影響を与えていることが分かり，活動が気分に大きく左右される背景ということができるでしょう。相談の対象にあがってくるのは，発達障害の状態像に近い姿を見せる児童が多いのですが，身体の症状によっては，集中力の続きにくさや学習の参加のしづらさなどが生じるといえます。WISCの結果からも，理解力がないわけではないと考えられます。

　ナギに対する丁寧なアプローチを継続しながら，好転と悪化を繰り返すアトピーの症状ができるだけ治まるように，保護者や教職員とで協力していくことが求められます。

包括的な支援ポイント

・意欲があるので，学習が定着していくようにするための有効な手立てはありますか？
　⇒内容が定着した分野の学習にヒントがあります。その過程を振り返ってみましょう。

・アトピーなどの身体症状に対して，教職員でどのように協働していけばよいでしょうか？
　⇒養護教諭の協力が欠かせません。悪化しているときには保健室での対応も検討しましょう。

・保護者にはどのような協力を求めていけばよいでしょうか？
　⇒ケアが十分にできない家庭環境の場合があり，ソーシャルワーカーとの連携もありえます。

当てられた途端に何をどう言うのか混乱してしまう小学４年生のリク
児童同士の相互理解を深める取り組みをしていこう

Before

Assessment Sheet

意欲があり，すぐに挙手をしますが，当てられた途端に何をどう言うのか分からなくなり，混乱してしまいます。

専門家に状況を伝えるための改善ポイント

挙手したものの，何を言おうとしたのか分からなくなってしまうことは低学年ならよく見られますが，リクは小学４年生ということですので，やや心配に感じてしまう教師の気持ちは分かります。そもそも答える内容は分かっていたのか，なんとなく手を挙げていたのか，担任の印象をお伝えください。

また，混乱している状態からどのようにして，リクは落ち着きを取り戻していくのでしょうか。そこも教えてください。

After

Assessment Sheet

意欲があり，すぐに挙手をします。答えられるときもあるのですが，当てられた途端に何をどう言うのか分からなくなり，混乱することが多いです。

専門家の観察シート

〈授業場面を観察すると〉

社会の授業を観察する。担任の質問に対しても挙手している。ある質問で教師に当てられて，椅子から立ち上がり，答えようとしているが，周りを見始めて，答えられなくなる。「考えをまとめてから話そうか」と教師が言うと，「うん」と言って座った。

→教師の資料に述べられていた内容を目の当たりにすることができた。頭の中は混乱しているのかもしれないが，担任の話は聞いていることがわかった。

〈学校での様子〉

・歴史が好きで，自由勉強でプリントにまとめたりすることができる。どの科目においても，元気よく声を出して，挙手している。意欲はあり，努力もしている。

・勘違いが多い。休み時間は教室で読書やおしゃべりをして過ごす。固定の友だちはいないようで，グループづくりでは，どこに入っていいか分からず，困った表情を見せる。

・英語教室や学習塾に通っており，行くことを１日に何度も教師に伝えに来ることがある。

〈背景情報〉

・家族構成は，父，母との３人家族。保護者は発達の遅れは理解しており，母は心配性の面がある。少しでも安心できるように，個別の連絡を密にしている。

・クラスの児童のリクに対する反応が二極化しており，行動や発言に理解や思いやりを示さない児童と，少し幼さがある友だちとして寛大に受け止める児童の両方がいる。

・座席は前の方にして，さりげなく声をかけられるようにしている。担任やＴＴがこまめに声をかけ，個別の指導をできる限りしていくように共通理解している。

  専門家からのアドバイス

Point 児童同士の相互理解を深める取り組みをしていこう

　質問に対して，リクは挙手して何かを応えようとする意欲は伝わってきました。教師も丁寧な支援をされており，リク自身も徐々に落ち着きを取り戻していくようです。一方で，リクにとって課題になっているのは，クラスの子どもたちとのかかわりではないでしょうか。特に，リクに対する応対が二極化していることが気にかかります。周囲からリクの真意を読み取りづらい状況が生まれているようです。

　リクが自由勉強でまとめた歴史の内容をクラスで発表したり，他の児童が答える様子をモデルとしてリクが発表の仕方を知ったりなど，相互理解を深める取り組みはどうでしょうか。

包括的な支援ポイント

・周りの状況を読み取ることが苦手な面にどのようにアプローチすればよいでしょうか？
　⇒周りが何をしているか分からず困っている様子を見せたときに，声をかけてみましょう。

・リクに思いやりを示さない児童にどのように対応すればよいでしょうか？
　⇒その児童自身に何か満たされない背景がありえますので，探ってみましょう。

・心配の強い保護者に対する対応として，連絡を密にしていくということでよいでしょうか？
　⇒子どもとのほどよい距離感が持てるように，見守る大切さも伝えていきましょう。

学習がなかなか定着しない小学１年生のソラ
児童の理解しやすい手立てを保護者と共有しよう

Before

Assessment Sheet

見ないと書けない字が多く，計算のやり方も時間が経つと忘れてしまいます。学習がなかなか定着しません。

専門家に状況を伝えるための改善ポイント

　ワーキングメモリーの問題がありそうで，教え方に工夫が求められることになりそうです。小学１年生ということで，学習に対する劣等感を持つことがないように支援を進めていく必要があります。

　文字に関しては，そもそも読めているのでしょうか。読み書きに関するトータルの情報が知りたいところです。また，一時的であっても計算はできているのでしょうか。どの程度まで理解できているのかが知りたいところです。

After

Assessment Sheet

ひらがなは１文字ずつしか読めず，見ないと書けない字が多いです。１学期に10までの足し算・引き算はできていましたが，夏休み明けにできなくなり，学習が定着しません。

専門家の観察シート

〈授業場面を観察すると〉

　算数の授業を観察する。時計の読み方に関する学習を行っていた。○時，○時半について，クラスの子どもたちが練習問題を解いている中，ソラの横には補助の教員がつき，個別での支援がなされていた。個別に指導することで問題は解けていた。

→丁寧に教えていけば，その場では問題が解けるようになることが分かった。宿題の出来具合が気になったとともに，家庭との連携が求められることになる。

〈学校での様子〉

・2学期になると，書けない字があるものの，1文を自分の力で書けるようになってきてはいる。20までの足し算・引き算は指を使えばできる。

・指示をしたことに対する理解は低い。聞くだけではなかなか指示が通らず，視覚的にも文字だけでは指示が通りにくい。

・優しい性格で，友だちとのかかわりに問題はない。

〈背景情報〉

・家族構成は，父，母，兄との4人家族。入学直前に校区に引っ越してきており，地域に知り合いは少ない。母がSCのカウンセリングを受けている。

・母がカウンセラーと相談し，ソラが発達検査を受ける方向で話が進んでいる。宿題の丸つけはしてくれている。時間はかなりかかっている。

・補助教員として，他の教員が入る時間を増やし，個別支援の時間が多く取れるようにした。ソラの様子をみて，その都度，支援を行っている。

  専門家からのアドバイス

Point 児童の理解しやすい手立てを保護者と共有しよう

　ワーキングメモリーに弱さがあるのはたしかですが，通常の方法では理解が難しいこともいえそうです。しかし，個別に丁寧に繰り返して学習内容を伝えていくことにより，ソラなりのペースで少しずつ成長しており，学習がまったく定着していないわけではなさそうです。ただし，夏休み明けになると学習内容を忘れていたことから，継続的な取り組みが求められます。

　ソラの場合，母親がSCとつながっており，無理のない範囲での協力体制をつくることができそうです。ソラが理解しやすい手立てを保護者と共有していくことを通して，一貫した方法で理解できますし，保護者の負担の軽減にもつながります。

包括的な支援ポイント

・視覚的に指示を伝えても，伝わらないことがあります。どうすればよいでしょうか？
　⇒伝え方は視覚的なものが万能ではありません。その子の得意なことを探ってみましょう。

・学校運営の関係でTTが入れないことがあります。どうすればよいでしょうか？
　⇒友だちとの関係が良好ですので，グループワークで教え合う活動はどうでしょうか。

・宿題などで保護者と協力体制が取りにくい場合はどうすればよいでしょうか？
　⇒状況によりますが，保護者が家庭で困っていることを探ってみることから始めましょう。

漢字はできるのに，作文は一切できない小学1年生のアラタ
児童の気持ちを声にして表現してみる機会をつくろう

Before

Assessment Sheet

漢字を書くことはできますが，自分の気持ちを表すことなどの作文は一切できません。何が原因なのか分からないでいます。

専門家に状況を伝えるための改善ポイント

児童の学習がうまくいかない原因を知りたいと思うのは，どの教師にとっても関心の高いことでしょう。まず，担任の掴んでいる範囲で構いませんので，作文が一切できないアラタの背景について伝えてみてください。

また，漢字のテストができるということは，アラタなりに学習を身につける方法があるとともに，教師が上手くサポートをしている面があるのではないでしょうか。その点も伝えていただけると，支援の手がかりとなりそうです。

After

Assessment Sheet

手本を見て漢字を書くことはできますが，自分の気持ちを表すことなどの作文は一切できません。3月生まれでまだ幼いからなのか，特性があるからなのか分からないでいます。

専門家の観察シート

〈授業場面を観察すると〉

国語の授業を観察する。ひらがなとカタカナが書かれている表が机に置かれている。漢字の送り仮名を書くとき，時々，その表をみている。教室の後ろに飾られていた絵日記には，名前と絵は描かれているものの，文章は1行しか書かれていない。

→表を見て書くことや，絵を描くことはできており，見たものを表わす力はあると考えられる。気持ちを書くことはたしかに難しそうだが，お話しして伝えることはできるのだろうか。

〈学校での様子〉

・いくつかのひらがな，カタカナを書くことができず，表を見ている。薄く書いたものをなぞるようにしたり，先に手本を渡しておいたりすると，学習課題に取り組める。

・作業や移動がゆっくりである。授業中に席を離れてしまうことがある。身の回りの片付け等も時間がかかってしまう。

・休憩時間では１人でいることが多く，クラスの子どもと遊ぶ姿はあまり見られない。

〈背景情報〉

・家族構成は，父，母，姉との４人家族。父は家にいることが多く，母は仕事や家事で忙しそうにしている。本人は３月30日生まれである。

・同じ小学校に通う小学６年生の姉は，小学校低学年のときから粗暴な行動をすることが多くあったが，年々落ち着いてきている。

・学習障がいの傾向があるのかどうかが分からず，ＷＩＳＣ等の検査を保護者に勧めていくべきか校内で検討している。

 専門家からのアドバイス

Point 児童の気持ちを声にして表現してみる機会をつくろう

　観察した場面を含めて，アラタが何らかの言葉を発するなど，周りの人とコミュニケーションを取ろうとする姿は見られませんでした。見たものを表す力だけでなく，教師の個別の指示には頷くなど，話を聞いて実行していく力はあります。ただ受動的な学習の進め方で，学習に対して「楽しい」や「やりたくない」といった感情を伝えてはくれない様子です。忙しそうな家庭環境ですので，気持ちを共有する機会がこれまで少なかったのかもしれません。

　作文を書くことができるかどうかよりも，まずはアラタ自身の気持ちを声にして表現してみる機会をつくることから始めてみてはどうでしょうか。

包括的な支援ポイント

・動作はゆっくりである面に対しては，どのようにアプローチすればよいでしょうか？
　⇒真似をすることはできそうですし，クラスの子の手助けをかりるのは１つの手です。

・きょうだいの影響を考えておく必要があったでしょうか？
　⇒支援を考えていく上で，きょうだいのことも重要な情報です。ぜひお知らせください。

・知能検査，発達検査を保護者に勧めていくとき，どのように伝えればよいでしょうか？
　⇒学習や生活をよりよくするためで，障がいの診断のためではないことを伝えましょう。

学習意欲が低い小学2年生のユイト
学習意欲が低い背景を掘り下げてみよう

Before

Assessment Sheet

学習意欲が低く，集中して授業を受けることができません。授業中にもかかわらず，床に寝転がって何もやらないことが多くあります。

専門家に状況を伝えるための改善ポイント

　床に寝転んで何もやらないということから，授業を受けづらい状況にあるユイトの姿がイメージされます。しかし，その姿は学習意欲の低さから生じているものなのでしょうか。

　ユイトの学習意欲が低いと感じる理由，背景について，もう少し詳しく伝えてみてください。ユイトが何もしないでいるようでいて，教師の話は聞いているのでしょうか。教室から出ていかないのは，ユイトなりに踏ん張っているのかもしれません。

After

Assessment Sheet

学習することを面倒くさいと感じているようで，集中して授業を受けることができません。授業中にもかかわらず，床に寝転がって何もやらないことが多くあります。

専門家の観察シート

〈授業場面を観察すると〉

　算数の授業を観察する。ユイトの机の周りには物がたくさん落ちており，整理整頓がされていない様子である。机の上に教科書はあるが，開いていない。ノートを開いて，何かを書いている。横に行ってみると，絵を描いていた。

→持ち物の整理ができていない状況が，集中できない要因かもしれない。まずは環境を整えることからスタートしたい。絵を描いているのはユイトの好きなことなのだろうか。

〈学校での様子〉

・紙や鉛筆を食べたり，つばを口の中にためて吐き出したりすることがある。コミュニケーションや理解は問題がないが，思い通りにならないと叫ぶことがある。

・算数の計算が得意だが，文章題は苦手である。字を読むことや漢字を書くことが苦手である。テストは，ほぼ1人の力ではできない。

・絵を描くことが大好きで，授業でやることが終わったら自由帳やタブレットに描いている。運動は大嫌いである。野菜と魚も嫌いで，給食に出てもほとんど食べない。

〈背景情報〉

・家族構成は，父，母，双子の兄との5人家族。母はのんびりとした性格で心配していない様子だが，父はミナトの学習面を心配するようになり，検査等した方がよいか悩んでいる。

・家ではゲームばかりをしている様子。幼稚園で目立った様子はなかったと申し送りがあった。

・ユイトの状況に応じて，教務主任や教頭が個別に支援できる体制をとっている。できていることは褒めるようにしている。基本的な生活態度を身につけていくことを課題としている。

  専門家からのアドバイス

Point 　学習意欲が低い背景を掘り下げてみよう

　学習意欲が低いと感じる背景を掘り下げていくことで，ユイト自身の困り感が見えてきました。もっともサポートが必要と思われるのは，文字を読むことや書くことの苦手さです。読字・書字に難しさがあるならば，学習することを面倒くさいと感じることに合点がいきます。日々の学習で感じているストレスから，床で寝転がる，荷物の未整理，異物を口にする，叫ぶといった行動が見られるのかもしれません。

　絵を描くことが好きで，タブレットも使えるなど，書くこと自体が嫌いなのではなさそうです。好きな絵本や図鑑，なぞる字や迷路など，楽しく読み書きできる工夫をしてみましょう。

包括的な支援ポイント

・文字を読むことや書くことの苦手さをどのようにサポートしていけばよいでしょうか？
　⇒読み書きをアセスメントし，認知面の躓きを探りましょう。アプリの活用も考えられます。

・問題行動を減らすための手立てもしていった方がよいでしょうか？
　⇒対処的な手立てもしながら，児童の根底にある課題を見出していくようにしましょう。

・検査を受けるかどうか悩む保護者にどう対応すればよいでしょうか？
　⇒検査の目的は診断でなく，よりよい支援をしていくためであることを伝えましょう。

興味のない学習になるとトイレに行こうとする小学３年生のユウ
ねらいを意識しつつ，児童の状態に合わせて内容を調整しよう

Before

Assessment Sheet

自分に興味がない学習になると，やる気が持続せず，トイレに行きたいと教室を出ていきます。

専門家に状況を伝えるための改善ポイント

　本当にトイレに行かないといけない状況か見極める必要はありますが，ユウはある意味，分かりやすく自分の気持ちを表現していると考えることもできそうです。興味のない学習があるということは，興味のある学習もあると考えられます。そのときにはどのような様子を見せるのでしょうか。そこも含めて伝えてみてください。

　また，授業に集中できないときに，トイレに行く以外のサインはあるのでしょうか。掴んでいるところがあれば知りたいところです。

After

Assessment Sheet

自分に興味がない学習になると姿勢が崩れ，やる気が持続せず，トイレに行きたいと教室を出ていきます。興味あるときは，自分から「がんばった」と知らせに来ます。

専門家の観察シート

〈授業場面を観察すると〉

　算数の授業を観察する。円の学習単元で，コンパスを使っていた。ユウがコンパスを使えるかどうかをみていたところ，何度かやり直すうちに，上手に円を描くことができた。教師が褒めると，より取り組もうとする姿が見られた。

→学習内容に興味のある単元であったようで，しっかりと取り組めていた。褒めることで笑顔も生まれており，コミュニケーションをとっていくことが重要である。

〈学校での様子〉

・ひらがな，カタカナ，漢字はなんとか学年相応に読めるが，書けないものがある。特に，カタカナは模写をすることはできるが，聞いて自分で書くことは難しい。

・くり上がりのある引き算は，指を使わないとできない。2の段以外の九九はほとんど覚えておらず，九九表がないと割り算ができない。

・絵を描くことが好き。休み時間は，運動場で遊んでいることが多いが，同学年ではなく低学年の子と遊んでいることが多い。興味のある話はとてもよく話すが，内容はよく分からない。

〈背景情報〉

・家族構成は，父，母，姉，弟，祖母との6人家族。療育センターでWISCをした結果，境界域という結果が出た。個別の支援計画を作成している。

・宿題への取り組み状況にムラがある。お家の方は，宿題に対して協力的である。

・授業中のトイレも含めて，授業でやるべきことをしたら，休憩の時間を取り入れている。この手立てについては，校内で共有している。国語・算数で取り出し授業もしている。

 専門家からのアドバイス

Point ねらいを意識しつつ，児童の状態に合わせて内容を調整しよう

　知能検査の結果も踏まえて，ユウの理解力や状態に合わせた支援を行っていることが分かりました。取り出して個別指導の時間をつくるなど校内での協力体制もありますし，保護者も協力的です。ユウ自身も自らのできることに対しては，前向きな姿を見せています。課題としては，興味のない学習への取り組みということになります。

　ユウの場合，興味がないというよりも，分からなくて嫌になっていると見立てた方がよいでしょう。ユウにとって学校生活を充実した時間にするために，授業のねらいを意識しつつ，解く問題を減らしたり，難易度を下げて別内容にしたりなどして調整を試みましょう。

包括的な支援ポイント

・同学年の子と遊んだり，一緒に過ごしたりする機会をつくっていった方がよいでしょうか？
　⇒学年にかかわりなく，様々に交流していくことで学ぶことがあります。

・取り出し授業の際に，担当の教師と共通理解しておくべきことはありますか？
　⇒同時間に行っている授業内容と関連させた内容になるようにしましょう。

・家庭学習について，保護者にどこまで協力を求めればよいでしょうか？
　⇒低学年の内容に取り組んでいるか確認をし，褒める機会が増えるようにしていきましょう。

どこまで個別の指導をすればよいのか悩む小学１年生のレン
児童の強みを把握し，活動に活かしてみよう

Before

Assessment Sheet

一斉指導では理解できないことが多いため，個別に指導する必要がありますが，どの程度支援していくのかを模索しています。

専門家に状況を伝えるための改善ポイント

　集団と個別との兼ね合いから，児童との距離感に悩む教師がいらっしゃいます。すべての子どもを取り残すことなく授業したいのですが，理解が十分でない子どもがいたとしても内容を進めざるをえない場合があります。学年が上がるほど顕著になる傾向です。

　レンの場合も上のような思いが担任にあるのではないかと思われます。一方，「どの程度」支援したらよいのかという疑問を持つということは，レンの強みや気持ちを感じとられているのでは。その点を少しでも伝えてみましょう。

After

Assessment Sheet

一斉指導では理解できないことが多いため，個別に指導する必要があります。励ますと粘り強く取り組む姿があり，どの程度支援していくのかを模索しています。

専門家の観察シート

〈授業場面を観察すると〉

　算数の授業を観察する。担任が話している間は，消しゴムで遊んでいる。練習問題の時間になり，教師が声をかけて取り組もうとするが，分からないようで手が止まっている。そこで早く課題を終えた児童がレンのところに行き，教え始めた。

→クラスの子どもたちが教え合う姿が各所で生まれ，クラス資源を活用する工夫を教師がしていることが分かった。レンもチャイムが鳴るまで，しっかりと取り組めていた。

〈学校での様子〉

・板書を見て，ノートに書き写すことが難しい。教師がノートに記入したものをなぞったり，見て書いたりすることが多い。課題には最後まで取り組みたいという気持ちが強い。

・1人でいることが好きで，友だちとのトラブルはほとんどない。みんなの行動を見て，真似をしたり，友だちに声をかけて朝の支度ができるようになったりしている。

・絵を描いたり，ゲームしたりすることが好き。読み，書き，計算が苦手。文章を読むこと，文字を書くことが難しい。動きのぎこちなさがあり，ルールを理解することが難しい。

〈背景情報〉

・家族構成は，父，母，姉，弟との5人家族。5歳時に療育センターで知能検査を受け，3歳児相当の知的発達という結果が出た。

・ゆっくり分かりやすく説明すれば理解でき，簡単な言葉で話すことはできる。なかなか宿題のやる気がわかず，保護者の方が困っている様子だった。

・視覚的な教示をしながら，指示を丁寧に分かりやすく伝えるように学内で共通理解している。

  専門家からのアドバイス

Point 児童の強みを把握し，活動に活かしてみよう

　観察した場面に見られたようなクラスメイトとの教え合いは，教師がレンのみへの個別の指導をせずに，クラスの中で理解が心配な児童に声をかけることにつながるだけでなく，レンにとっても個別の対応になったことから，有効な手立てであるといえます。

　一方で，レンを教えるクラスの子どもが固定化しないようにすることや，レンがクラスメイトに教えていけるような活躍の場もつくりたいところです。そのためには，粘り強さなどレンの強みを理解し，強みを活かした対応をしていけるようにしましょう。

包括的な支援ポイント

・レンを教える子どもが固定化してしまいがちです。ペアを変えた方がよいでしょうか？
　⇒ペアを変えることは問題ないですが，1人でいる時間も確保しておきましょう。

・レンの状況や発達から，学力面でのサポートを増やした方がよいでしょうか？
　⇒学習に時間がかかるのはたしかなので，支援員などの人員配置が可能であればぜひ。

・宿題への対応に困っている保護者にはどのように改善策を伝えればよいでしょうか？
　⇒課題ができるたびにシールをもらえるなど，楽しみをつくってみるのも1つの手立てです。

保護者との連携が取りづらい小学2年生のカエデ
児童が学習を楽しむという根本に立ち返ろう

Before

Assessment Sheet

学習はできなくてもいいという保護者の考えがあり，学習面で連携を取ることがなかなかできません。

専門家に状況を伝えるための改善ポイント

　学習面について，カエデに支援が求められていると考えられますが，学習をできなくてもいいという保護者の考えはどうして生まれてきたのでしょうか。これまでの保護者との関係の中で掴めたところで構いませんので，伝えてください。

　また，どのような連携をとっていきたいとお考えでしょうか。おそらくは宿題等の提出や，家庭学習をお願いしたいというところかと想像しますが，連携する具体的な内容について，教えてください。

After

Assessment Sheet

てんかんがあることから，学習はできなくてもいいという保護者の考えがあり，宿題の答え合わせなど，学習面で連携を取りたいのですが，なかなかできません。

専門家の観察シート

〈授業場面を観察すると〉

　算数の授業を観察する。支援員がクラスに入っているが，カエデにつきっきりである。「この問題をやるよ」と声をかけたり，課題を1つずつ細かくして伝えたりするなど，カエデに合わせた工夫をしている。カエデも確認しながら進めることができている。

→1つずつ丁寧に進めていくことがカエデにとって安心をもたらしているようである。学習に対して全く取り組めないということはないが，時間はかかっている。

〈学校での様子〉

・学力は低い。自分の世界に入り，指示を聞いていないことや聞こうとしないことが多い。また，指示に対して，しなくてはいけないという意識が弱い。

・椅子に座って学習をすることが苦手である。整頓も苦手である。給食は，偏食でパン，ご飯しか食べない。見た目だけで食べようとしないことが多い。好きなものはおかわりする。

・絵や工作においては，大好きな乗り物（電車や飛行機）とつなげた活動にしないと，取り組まないことがある。

〈背景情報〉

・家族構成は，父，母，弟との４人家族。てんかんのため，定期的に医療機関を受診し，脳波を調べている。母としては無理をさせたくはないとのことだった。

・やりたいことだけをやり，周りと一緒に行動することができないところを本人は気にしていないようで，他の児童との差がどんどんできていることを危惧している。

・スモールステップで細かく指示を伝え，１つ１つできているかをカエデと確認している。

 専門家からのアドバイス

Point 児童が学習を楽しむという根本に立ち返ろう

　てんかんは突然に起こることもあり，あまりストレスなどをかけたくないという心配が保護者にはあるのかもしれません。カエデと保護者との歴史の中で，学習に対する優先順位が低くなっているようです。そのためか，指示に対してカエデの応答はあまりよくないようです。

　しかし，スモールステップで伝えたり，カエデの興味・関心に沿った内容であれば，取り組んでくれたりすることもあります。他の児童との差は気にかけながらも，まずは，カエデが学習を楽しめる内容をつくっていくという根本に立ち返ることが大切です。ストレスある学習としてではなく，楽しさのある学習に転換できれば，保護者の不安も和らぐのではないでしょうか。

包括的な支援ポイント

・自分の世界に入ったときには，どのように対応すればよいでしょうか？
　⇒指示を入れることは難しいですが，逆に児童の世界を教えてもらうのはどうでしょうか。

・てんかんが起こったときの対応はどのようにすればよいでしょうか？
　⇒チームとしての学校が問われます。研修等を行い，役割分担等を決めておきましょう。

・保護者が家庭学習に取り組まない場合はどうすればよいでしょうか？
　⇒取り組みにくい背景があります。ＳＣ含めて窓口を開いておきましょう。

主治医との連携が取りづらい小学2年生のリツキ
児童同士のつながりで行う活動を増やしてみよう

Before

Assessment Sheet

活動への参加は難しく，「諦めましょう」というスタンスの主治医の指示があるため，こちらのめあてをどこへ定めるかが難しいです。

専門家に状況を伝えるための改善ポイント

　病院での短い時間の診断ではそのように見立てられたのかもしれませんが，学校生活での活動は場所も人数などの環境も異なるとともに，担任としてリツキと一緒に時間を過ごしてきましたので，学校としてできることはしていくという姿勢で臨んでいくべきです。

　ここでは，どのような活動への参加が難しいと言われているのでしょうか。どこまでができて，どこからが諦めるべきか分かる範囲で伝えてください。

After

Assessment Sheet

連絡帳やノートを書くことなどの活動への参加は難しく，「諦めましょう」というスタンスの主治医の指示があるため，こちらのめあてをどこへ定めるかが難しいです。

専門家の観察シート

〈授業場面を観察すると〉

　国語の授業を観察する。学習の準備は自分でできている。漢字の小テストに取り組む様子を見ていたが，ゆっくりではあるが，1つ1つ一生懸命に書こうとはしている。板書を写したり，ドリルなどで練習に取り組んだりすることはほとんどできていなかった。

→書くことはできており，書く活動だから参加できないということはない。これからの活動に見通しをもって行うことは難しいという面はあるのかもしれない。

〈学校での様子〉

・日によって，朝の準備ができたりできなかったりする。担任や友だちが手伝い，行う。

・友だちとふざけたり，ちょっかいを出したり，楽しく過ごせている。しかし，ふざけたり，ちょっかいをかけたりしたことからトラブルになることもある。

・給食のときに出るストローの袋ゴミをたくさん拾ってまわるなど，クラスのために気にかけ，頑張ってくれることもある。

〈背景情報〉

・家族構成は，母，祖父母との4人家族。医療機関を定期受診しており，ADHDの診断を得ている。薬を服用しているが，副作用が出るときもあり，安定しない。

・父は単身赴任であるが，週末などにはゲームや釣りをする時間もある。祖父母は優しく，母を全面的にサポートしている。

・上靴や持ち物袋の整理などの約束をして，守るべきことを明確にしている。朝の準備をリストにして，自分で少しずつできるようにしている。

  専門家からのアドバイス

Point　児童同士のつながりで行う活動を増やしてみよう

　医師の判断が学校の現場に与える力は大きく，担任の支援のあり方を揺らがせるときがあります。リツキの場合も不注意傾向から，活動参加を諦めさせてしまう印象を受けますが，学校生活を見ている限りにおいて，参加を制限する必要はなさそうです。医師の見立ても踏まえながらも，言葉が独り歩きしないように注意しなくてはなりません。

　ここまで担任による支援が中心でしたが，リツキがクラスを綺麗にしていることも踏まえて，周りの友だちに手伝いをお願いするなど，児童同士のつながりで行う活動を増やしてみるのはどうでしょうか。支援者側にはない発想で，リツキを手助けしてくれることがあります。

包括的な支援ポイント

・ちょっかいをかけるなどして，周りとトラブルになったときはどうすればよいでしょうか？
　⇒楽しく過ごせる場面もあるので，子ども同士で解決していく方向を探りましょう。

・主治医に対して，学校での様子をどのように伝えていけばよいでしょうか？
　⇒校内委員会で教員間での意見交換をして，学校として見解を伝えましょう。

・薬の服用について，保護者も含めてどのように対応していけばよいでしょうか？
　⇒保護者の希望と養護教諭の意見も聞きながら，無理のない服用を検討しましょう。

担任に甘えてくる小学3年生のサク
児童が本当に困っているところを見極めていこう

Before

Assessment Sheet

展開が早い活動では理解が進まず，周囲に追いつかないため，担任とのかかわりを求めて甘えてきます。

専門家に状況を伝えるための改善ポイント

「甘え」という言葉がキーワードですが，上手くいっていないようにみえる子どもの姿が「甘え」によるものなのか，致し方ないことなのかの見極めが求められるところです。教師とのかかわりを求めて甘えてくるというのは，具体的にどのような姿なのでしょうか。サクの「甘え」と感じられる背景があればぜひ伝えてください。

また，サクが甘えている姿は，展開が早い活動でよくみられるのでしょうか。他にもそのように感じられる場面があれば，教えてください。

After

Assessment Sheet

展開が早い活動やグループワークでは理解が進まず，周囲に追いつかないため，「分からない」と大きな声でアピールするなど，かかわりを求めて甘えてきます。

専門家の観察シート

〈授業場面を観察すると〉

英語の活動を観察する。ネイティブの教師の話を聞き，発音も一緒にしようとするなど，順調に過ごしている様子である。その後，隣の子とペアになって，あいさつの練習をするペアワークが始まったが，話しかけられてもあまり答えを返すことができないでいた。

→活動をどこまで理解できているのかを見立てるのが難しかった。大きな声を出すことはなかったが，机間巡視していた担任の方に時折，サクは目をやっている様子があった。

〈学校での様子〉

・国語や算数などの学習も，活動が明確になっていて理解できるときや，自分ができていると感じる内容は調子よく取り組むことができる。図工も好きである。

・友だちに優しく接することができ，友だちの要望に気持ちよく応える姿も見られる。ただ，グループワークでは，友だちとかかわり合いながら参加するのが難しいようである。

・舌を出して，くちびるを何度も舐める様子が見られる。

〈背景情報〉

・家族構成は，父，母，姉，兄との5人家族。WISCを実施し，知能指数は平均あるいは中の上であったが，言語理解はやや低く，得意なことと苦手なこととの差が出ていた。

・親子関係の難しさがあったため，SCの紹介で，月1回程度，親子で遊ぶセラピーに行っている。個人懇談会でも支援について保護者と情報共有できている。

・学校が楽しいと感じられるように接していくことを校内で共通理解している。最後まで努力して取り組むこと，守らなければいけないことを教えることも大切にしている。

 専門家からのアドバイス

Point 児童が本当に困っているところを見極めていこう

　日々のサポートや保護者との情報共有など，担任の教師が熱心に支援に取り組まれていることを背景に，サクと担任との間には十分な信頼関係ができあがっているようです。その裏返しではあるのですが，担任からして，サクの姿が「甘え」と感じられてしまう面もあるのでしょう。

　ただ，言語理解の苦手さはあるようで，ペアワークなどではサクがなかなか周囲についていけずに困っている面はあります。本当はできるのに教師に甘えてくるところと，本人が本当に困っているところを見極めながらサポートをしていきましょう。

包括的な支援ポイント

・不安げな仕草が多くみられるので，自己肯定感を高めていくような支援も必要でしょうか？
　⇒本人が達成感を感じられるような取り組みを検討してみましょう。

・今後，担任が代わっても成長していくためにできることはありますか？
　⇒引継ぎをしっかりとしていくためにも，個別の支援計画を活用していきましょう。

・親子関係の難しさを感じている面についてもサポートが必要でしょうか？
　⇒SCと連携しながら，保護者とも情報共有していく方向でよいです。

自分のことは自分でできるようになってほしい小学3年生のフウマ
目標となる活動が見える教室環境にして，児童と共有しよう

Before

Assessment Sheet

ゆっくりでもよいので，声をかけなくても，自分のことは自分でできるようになってほしいと考えています。

専門家に状況を伝えるための改善ポイント

　小学3年生ですので，ある程度のことは自分でやっていく学年ではないかと思われます。フウマについて，具体的にはどのようなことが自分でできるようになってほしいのでしょうか。目標とする活動を伝えてください。

　また，声かけをすればフウマは指示された内容を理解し，ゆっくりではあったとしても，動いてくれるのでしょうか。通りやすい指示もあれば，通りにくい指示もあると思います。担任の掴んでいるところを教えてください。

After

Assessment Sheet

どんなことでもゆっくりではあれ活動できるので，声をかけなくても，連絡帳を書いたり，板書をしたりなど，自分のことは自分でできるようになってほしいと考えています。

専門家の観察シート

〈授業場面を観察すると〉

　理科の授業を観察する。内容が難しいのか，昨日あまり寝られなかったのか，眠そうにしている。理科担当の教師が，ノートを開くように指示すると開いていたが，板書を写そうとはしていなかった。教師が声かけをすると，書き始めた。

→1つ1つ指示を受けてから活動するところが，こちらにフウマのゆっくりな動きを感じさせる要因になっている。内容をどこまで理解できているのかは分からなかった。

〈学校での様子〉

・毎時間の授業で，集中して学習に取り組むことが難しい。やることが理解できずに寝てしまったりする。簡単な計算問題はゆっくりではあるが取り組むことができる。

・上履きを履かずに歩いたり，左右を間違えて履いたりする。身の回りの整理整頓ができない。また，週替わりの当番活動を把握できておらず，当番を行えないときがある。

・友だちとは楽しく過ごせる。給食もよく食べ，ニコニコ過ごすことができている。

〈背景情報〉

・家族構成は，父，母との3人家族。両親ともにフウマの状況を把握しており，学校にとても協力的である。毎日，連絡帳を確認し，持ち物の準備や宿題チェックを丁寧にしている。

・発達検査で知能指数が境界域であった。両親は特別支援学級との交流には前向きであるが，在籍は通常学級を希望している。

・2年次からの朝の活動準備カード（準備ができたらカードを裏返す。最終的に絵が完成する）を継続したが，遊ぶようになり断念。朝の準備はできるがゆっくり。連絡帳までは至らない。

 専門家からのアドバイス

Point 目標となる活動を見える教室環境にして，児童と共有しよう

　すべてを支援していくのではなく，自分にできることは自分でやるようにしていけるように，支援を減らしていくことは大切な方針です。フウマの場合もゆっくりではあるものの，自分でできる活動は増えてきたようです。また，目指しているのは日々のルーティーンとなる活動で，毎日の繰り返しの中で生活面の力を身につけていってもらうのは重要です。

　担任との信頼関係や，保護者との協力関係もできていますし，<u>目標となる活動を見える形にして，フウマと共有していくことが必要ではないでしょうか</u>。指示待ちで漠然と過ごすのではなく，いまやるべきことが分かる教室環境にしていきましょう。

包括的な支援ポイント

・当番活動を含めて，やるべき活動を分かりやすくするにはどうすればよいでしょうか？
　⇒教室環境の活用が考えられます。構造化などを用いるのも1つの手立てです。

・特別支援学級の教師とはどのように連携していけばよいでしょうか？
　⇒交流学習をしていますので，実施した活動を共有し，クラスでの活動にも活かしましょう。

・学習がより難しくなる中で，学習面はどのようにフォローしていけばよいでしょうか？
　⇒保護者との協力ができているので，児童に合った学習内容を取り入れていきましょう。

行動が幼く感じる小学4年生のヤマト
目的のためにやり遂げる経験を積み重ねていこう

Before

Assessment Sheet

友だちとトラブルになったときに，相手にされたことばかりを主張して，自分のしたことを認めません。行動が幼く感じます。

専門家に状況を伝えるための改善ポイント

小学4年生となり，高学年になっていくという過程の中で，担任からして幼いと感じさせる姿をみると心配になってしまう気持ちは理解できるところです。一方で，自分の行動を認めたくない気持ち，相手のせいにしたくなる気持ちの背景にあるところを読み取っていく必要があります。

ヤマトはどんな場面でトラブルになりやすいのでしょうか。また，ヤマトが自身のしたことを認めない理由をできれば伝えてみてください。

After

Assessment Sheet

考えが合わず，友だちとトラブルになったときに，相手にされたことばかりを主張して，自分のしたことを覚えていないと言い，認めません。行動が幼く感じます。

専門家の観察シート

〈授業場面を観察すると〉

算数の授業を観察する。自分のできると思った内容には積極的に手を挙げていた。当ててもらって正解だった時には満足そうな表情を見せた。机の下には物が落ちており，机にはのりやハサミなど必要のないものがあり，それを時折触っていた。

→認められたいという気持ちが強くあるように感じられる。それが担任の幼いという表現につながっているのかもしれない。机の周りの環境を整える必要がある。

〈学校での様子〉

・学力は低い。算数では計算の難易度が上がるとできないため，投げ出してしまう。国語は書くことに対して抵抗が少なく，気持ちが乗るとスラスラと文章を書ける。

・落ち着きがなく，集中して物事に取り組むことができない。認められたい，褒められたいという思いが強く，できたときのアピールが激しい。授業を妨げることはない。

・教師の手伝いが好きで，何かを頼むと喜んで行う。当番活動などは褒められると進んで行えるが，基本的にやろうとしない。また取りかかりに時間がかかる。

〈背景情報〉

・家族構成は，父，母との3人家族。母は海外の方で，父は日本人である。

・父親が漢字や計算を見てくれる時もある。家庭でも大変なことがある。ヤマトの話を鵜呑みにしてしまい，トラブルがあった家庭に直接話をしに行くことがあった。

・学習面でも生活面でも，できたことを褒めて認めるようにする方針を校内で共通理解している。周囲の友だちから認められる環境をつくるようにもしている。

  専門家からのアドバイス

Point 目的のためにやり遂げる経験を積み重ねていこう

　行動が幼く見えていたのは，自分のしたことを認めないという姿だけでなく，認められたいという気持ちのアピールが強かったことも背景にありそうです。翻って考えれば，本人の中に周囲から認められているという感覚がまだ十分には培われていないということもできます。当番活動が典型的ですが，褒められるために行っていて，自分も含めて誰かのためにやるという意識が薄かったり，物事にのめり込むという経験が少なかったりしたのかもしれません。

　これまでの支援のように，教師や友だちから認められる関係を保ちながら，誰かの役に立ててうれしかったり，活動を通して達成感を感じたりする経験を積み重ねていきましょう。

包括的な支援ポイント

・自分の非をなかなか認めない場合には，どのようにすればよいでしょうか？

　⇒謝らせるのではなく，相手がどんな気持ちになったのかを知ることから始めてみましょう。

・ムラがあり，やるときとやらないときの差が激しいです。どうすればよいでしょうか？

　⇒支援員とともに学習環境を整え，授業の準備をルーティーン化してはどうでしょうか。

・学校外で起こる家庭間でのトラブルに対して，どのようにすればよいでしょうか？

　⇒何があったかのかは把握し，校内で共有した上で，継続的に見守っていきましょう。

個別指導をしてほしくないと保護者が希望する小学5年生のアオト
児童の育ちを保障し，最善の学びのかたちを見つけよう

Before

Assessment Sheet

何事においても個別に支援を必要とする状況ですが，保護者は個別の指導を受け入れようとしない傾向があります。

専門家に状況を伝えるための改善ポイント

　教師が必要と考えることが，保護者の希望に沿わないときの対応はなかなか苦慮することとなります。保護者が個別の指導を受け入れづらい背景にはどんな思いがあるのでしょうか。可能な範囲で伝えてください。

　その上で，アオトはいったいどのような状態なのでしょうか。小学5年生ですべてに個別の指導が必要な状況ならば，なかなかに大変です。本人のできるところとできないところの判別ができれば教えてください。

After

Assessment Sheet

特に学習全般で個別に支援を必要とする状況ですが，特別支援の対象となることに対する抵抗感があり，保護者は個別の指導を受け入れようとしない傾向があります。

専門家の観察シート

〈授業場面を観察すると〉

　国語の授業を観察する。最初に漢字の練習をしていたが，アオトはその形が捉えられず，大変時間がかかっていた。その間に，クラスの児童は教科書の内容を進めていた。学習面に関しては，同じ内容をするのではなく，別課題を行い補充している様子であった。

→形を捉えることに苦労していたので，そこに対する支援がまず求められるのではないだろうか。また，別内容で進めていくことを本人はどう感じているのか気になった。

〈学校での様子〉

・学習面に関しては，ほぼすべての教科において，周りとの差がどんどん開いてしまい，ついていくことができない状況である。

・全体指導で行動できないことが多い。机の上にも下にも物が散乱していたが，継続的に片付けるように声をかけたところ，意識するようになり，整理されるようになった。

・クラスの友だちとのトラブルにより，学校に行きたくないとぐずる時期もあった。解決して以降も，１日の生活について声をかけるようにしている。

〈背景情報〉

・家族構成は，父，母との３人家族。発達の遅れは理解しており，発達検査を受けようか迷った時期はあったが，「特別支援は絶対に嫌だ」と話したこともあった。

・通級指導教室に週１回通うとともに，ＴＴの教師がこまめに声をかけ，個別指導をできる限りしている。

・個別に指導していくことを校内で共通理解するようにしている。

 専門家からのアドバイス

Point 児童の育ちを保障し，最善の学びのかたちを見つけよう

　小学校の高学年になり，学習内容も発展していく中で，アオトと周囲との間に大きな差が生まれているとともに，保護者の理解が得られづらい状況があると，学校としての対応がなかなか難しくなってきます。ノートを写すなどを，アオトにできることをするよう継続的に促していきますが，それが本人の最適な学びになるかどうかは分かりません。

　保護者に寄り添いながら，特別支援が集団での学習についていけない児童を判別しようとしているのではなく，アオトの育ちを保障し，最善の学びのかたちを見つけようとしていることを，担任だけでなく学校全体で伝えていく必要があります。

包括的な支援ポイント

・学習面から登校渋りがはじまったときには，どうすればよいでしょうか？

　⇒解くことができる教材やアプリ等で，学力を詳しくアセスメントしてみましょう。

・通級担当やＴＴの教師と連携するにはどうすればよいでしょうか？

　⇒個別の支援計画や校内委員会といった組織的な支援をコーディネーターに伝えましょう。

・通級指導教室では言葉の指導をしていますが，学習も入れてよいでしょうか？

　⇒保護者の同意とともに，児童にも目的を丁寧に伝える必要があります。

Chapter
3

教師と専門家との協働による
特別支援教育の充実

1

児童の立て直しを支える

❶ 42の相談事例の特徴

　第2章では，筆者が専門家チームの1人として学校現場を巡回し，通常学級に在籍する特別な教育的支援を必要とする児童に関して行ってきた相談事例の中から，42のケースを提示しました。みなさんが教育の場で出会ってきた児童の状態や境遇等がよく似た状況もあったのではないでしょうか。

　42の相談事例について，A）衝動性に課題のある児童，B）気持ちの表出に課題のある児童，C）学習面に課題のある児童，D）教師のかかわり・連携に関する困難の4つのカテゴリーに分類しました。その結果，Aが19事例，Bが12事例，Cが4事例，Dが7事例となりました。

　一見，Cの学習面に課題のある児童が少ないように思われるかもしれません。しかし，事例を読んでいただけると分かりますように，大部分の事例において学習面における課題がありました。相談のポイントを明確にするため，焦点を当てる行動を1つに絞った結果，カテゴリー間に偏りがあるようにみえてしまいますが，児童の行動面および学習面の課題は，すべての事例において検討されています。

　また，Dのカテゴリーが一定数あったように，教師自身が対象児童とかかわる距離感に悩みを抱えていたり，学校内の教職員や保護者，他職種との連携に戸惑いを覚えていたりすることも浮かび上がってきました。

　提示した42の相談事例の中でもっとも焦点化されていたのは，対象児童の行動面に関するものでした。衝動的で自身の行動や感情のコントロールができなくなってくるケースや，児童自身の気持ちを表出することが難しく，固まってしまったり，身体症状が表れたりするケースなどが挙げられます。

　第1章で提示した，2022年の文部科学省の調査によれば，学習面の困難のある児童生徒の方が，行動面の困難のある児童生徒よりも多いという結果だったのですが，専門家に相談として挙がってくるケースは，筆者の場合，行動面の課題の方が多い可能性があります。机の周りなどの教室環境を整える必要があるケースや，児童の行動や感情の抑えがきかず，教師が対応を急がざるをえないケースが第2章であったように，学習面の課題の以前に教師が対応をせざるをえない行動上の課題が対象児童にあるとき，専門家に相談することが多くなると考えられます。

教師が対応をせざるをえない行動の背景には，発達特性があることを第1章の第1項で述べました。発達特性が強く出る児童にどのように向き合っていくのかが，いまの教育現場における喫緊の課題となっています。この課題は，対象児童の自己肯定感／自己否定感の形成にもつながってきます。

　では，どのようにつながってくるのでしょうか。次節では，自己肯定感／自己否定感と発達特性との関連性について，理論的な背景を述べることとします。

❷ 自己肯定感／自己否定感と発達特性との関連性

　第1章で述べたように，ある発達特性に関する傾向が強く表れる人もいれば，ほとんど出ない人もおり，人によってその表れは違ってきますが，大なり小なり誰もが発達特性を持っているという立場を本書ではとっています。誰にでもあるという意味では，発達特性のあることがすぐさま発達障害があるということではありません。では，発達特性のある面が強く出たとき，学校現場での対応がなぜ必要になるのでしょうか。この理由は，大きく2つあります。

　1つには，学校という社会環境において，教師が容認しづらい行動として表れてくる場合です。例えば，教室から出ていってしまったり，授業と関係なく興味のあることを話し続けたり，友だちとのトラブルで手が出てしまったりしたときには，教師はその児童の行動を制止せざるをえません。

　もちろん，社会や文化が違えば，学校で容認される行動の範囲は変わってくるでしょうし，それぞれの教師がもつ教育観によっては，許容される行動に幅が生じることもありえます。例えば，消しゴムをいじっていることをいまは許しておこうとか，ゆっくり行動する児童だけれども，朝の片付けや準備は，時間内にその子自身でできるようにしてほしいといったことです。

　社会や学校，教師の教育観によっては異なってくる面はありますが，発達特性が強くあるために生じる行動が，教室や学校のルールから逸脱したり，教師の許容できる範囲を超えてしまったりしたときには，何らかの対応をせざるをえないのが1つ目の理由です。

　もう1つには，担任をはじめとする関係する教師，および，周りの児童との間でのコミュニケーションがうまくいかないことがあるからです。具体的には，必要以上に友だちにちょっかいをかけて怒らせてしまったり，どんなに声をかけても全く動かなくなったりしてしまうといったことが挙げられます。

　そこでは，対象児童と教師，周りの児童との間で，話題の共有や情緒の共感が生まれづらくなっていると考えられ，どこまで対象児童がこちらの言いたいことを理解できているのか，伝わっているのかが分からず，教師が不安や苛立ちを覚える場合もあります。逆に対象児童の側からしても，周りから自身のことが分かってもらいづらい，共感されづらい状況が生まれていますので，周りに対する困惑や怒り，諦めなどが表出されることもあります。

このように，発達特性が強く表れることにより，対象児童と周りの人たちとのコミュニケーションがお互いにとって消化不良のものになってしまうと，そこから不安や苛立ち，困惑，諦めなどが生じてしまうので，お互いの意思疎通を円滑にするために対応する必要が出てくるというのが2つ目の理由です。

　これら2つの理由から，特別な教育的支援を必要とする児童の発達特性が強く出てしまったときには，担任をはじめとして，関係する教師が対応していくことになります。そして，その対応こそが，対象児童の自己肯定感／自己否定感に大きく影響を与えると考えられます。その形成過程を示したものが図8になります。

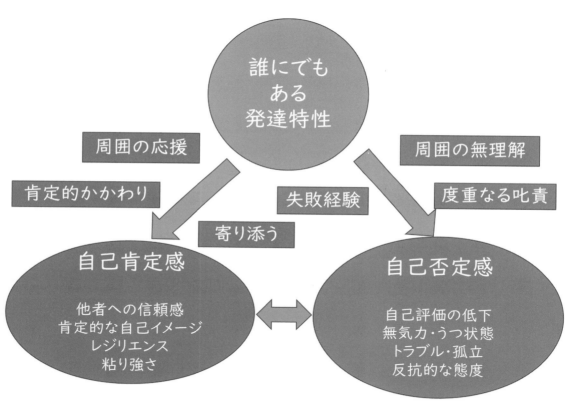

図8：周りのかかわり次第で揺れ動く自己肯定感と自己否定感

　誰にでもある発達特性が，学校という場の中で強く出ている児童に対して，教師をはじめとして周りの児童たちは，どうしても否定的な対応や指導をせざるをえないときが多くあります。それが積み重なっていくと，児童からすれば，何度も教師から叱責されているように感じたり，周りからも疎外されているように感じたりするようになります。さらに，学校生活での失敗経験も積み重なってくると，児童は徐々に自分を信じることができなくなり，何をやってもどう

せうまくいかないだろうという無力感を次第に持つようになります。周りとのトラブルがたえない状況，または，誰ともかかわろうとせずあえて孤立する状況も生まれ，教師や保護者をはじめ，理解してくれない社会に対しても反抗的な態度を見せることさえありえます。自己否定感の強い状態へとなっていくことになり，こちらの対応がますます難しくなってしまいます。

　こういった状態に陥っている，もしくは，陥りかねない児童をどのように支えていけばよいのかを検討してきたのが，第2章で提示してきた相談事例です。対象児童の興味のあることや強みを活かそうとすることや，児童自身の頑張りを見出していく肯定的かかわり，担任だけでなく周りの児童や保護者を巻き込む，または，教室環境を活かして児童を応援していこうとすることや，苦手なことやうまく気持ちを表現できないところに寄り添うなどして，人への信頼感や自分自身に対する自信といった自己肯定感が損なわれることがないような支援を試行錯誤しながら行ってきました。

　専門家に相談があるという時点で，学校内での支援では，困難や課題がなかなか解消されていない状況があります。筆者が出会ったときには，すでに自己否定感の強い状態にある児童であることが少なくありませんでした。そういった状態にある児童を，自己肯定感が高い状態へとすぐさま導いていけるわけではないのですが，多少なりとも自己肯定感を高められるようなかかわりや環境創りをし，「児童の立て直しを支える」ことが筆者の臨床において大切にしてきたことでした。

　この臨床観を基に，特別な教育的支援を必要とする児童が，学校生活の中で自分自身を立て直せるようにしていくためにはどうしたらよいのかを，担任やコーディネーター等と相談し，見出してきたのが各事例の Point として示した42のテーゼです。この42のテーゼをカテゴリー分けしたときに，3つの観点と6つのアプローチに分類することができます。

　3つの観点とは，（1）深い児童理解に基づく支援，（2）担任だからこそできる多様な支援，（3）学校内外の環境を活かした支援の3つです。それぞれについて，アプローチが2つあり，全部で6つのアプローチにより対象児童の支援を組み立てていくことが，特別な教育的支援を必要とする児童の立て直しにつながってきました。

　第2項では，この3つの観点と6つのアプローチについて詳しく述べていくこととします。

2 児童の立て直しを支える３つの観点と６つのアプローチ

❶ 深い児童理解に基づく支援

　１つ目の観点として，「深い児童理解に基づく支援」が挙げられます。具体的な２つのアプローチとして，①子どもの強みを発揮する，②内面を掘り下げる，が挙げられます。それぞれについて詳しく見ていきましょう。

① 子どもの強みを発揮する

　アセスメントシートにある記録には否定的な表現がどうしても続いてしまいますが，背景の記録や担任等と語る中で，対象児童の得意なことや興味あるところが見えてくることがあります。そこは，児童自身にとって強みであり，支援に活用できないか探っていくべきところと考えられます。

　第２章で見出されたテーゼのうち，「子どもの強みを発揮する」アプローチとして，以下の３つがありました。

・児童の特徴ある姿を支援に活かそう（Case22）

・児童の苦手な学習の中に得意な面を活かした支援を考えてみよう（Case24）

・児童の強みを把握し，活動に活かしてみよう（Case36）

　このアプローチでは，消しゴムを使うことや読書が好きなこと，励ましに粘り強く取り組める性格など，児童の特徴的な姿をその子の強みと捉えて，それを日々の活動に活かしていこうとしました。得意なことや興味のあることは，対象児童にとって安全・安心なところであり，その世界であれば，自分の気持ちを押し出して，力を発揮できると考えられます。対象児童の特徴的な姿をネガティブな面として受け取るのか，それともポジティブな面として活かしていこうとするか，支援にかかわる人たちの姿勢が問われています。

　このアプローチは小学校低学年の児童を中心に，気持ちの表出に課題のある児童に有効であると考えられます。一見，分かりにくい児童の姿を面白く受け止める余裕が必要なアプローチで，子どもを多面的に見ていくことが必要です。逆に，衝動性に課題のある児童や学習面に課題のある児童へのアプローチとしてはあまりみられず，副次的なものでした。

② 内面を掘り下げる

　このアプローチは，表面的には分かりにくいものの，児童自身が困っていることや願っていること，頑張っていたことがあり，それを目に見えるかたちにしていこうとするものです。目に見えるかたちにするために，児童と対話したり，児童とかかわる人とともに様々な視点で検討したりするなどして，児童の内面を掘り下げていこうとします。

　第2章で見出されたテーゼのうち，「内面を掘り下げる」アプローチとして，以下の8つがありました。

・児童の困っていることを外在化してみよう（Case1）
・衝動性を児童からのサインとしてキャッチしよう（Case3）
・頑張っている児童自身に目を向けていこう（Case13）
・ネガティブな発言の裏にある児童自身の願いを読み取ろう（Case25）
・状況をまとめ上げるのをサポートをしてみよう（Case27）
・行動の背景にある身体症状に着目してみよう（Case30）
・学習意欲が低い背景を掘り下げてみよう（Case34）
・児童が本当に困っているところを見極めていこう（Case39）

　これらの事例はいずれにおいても，表面的にはネガティブに受け止められる行動に焦点があたっています。友だちとのやりとりの難しさや，見通しがついていない状況，学習が分からないでいる状況，内面が悪循環している状態などです。これらの内面の状態を「友だちと仲良くしたいと願いを伝えようとしている姿」，「これからどうなっていくのか分からない不安，参加したいと児童なりに頑張ろうとしている姿」といったように見方を変えようとしています。

　外在化していくためには，対象児童の内面の困り感を伝えられる，受け止めてくれる人の存在が欠かせません。対象児童の担任だけでなく，コーディネーターやＴＴ，支援員でも可能なアプローチで，①の子どもの強みを発揮するアプローチと同じく，児童の見方を柔軟にしていくことや，気持ちの余裕をもって対象児童とかかわっていくことが教師の側に求められることになります。

　このアプローチは，相談事例を分類した4つのカテゴリーいずれにも見られました。学年は低学年が多く，4年生以下で見られたものでした。特にこのアプローチが多く見られたのは行動面への対応が必要な場合でした。衝動性に課題のある児童では，奇声をあげたり，パニックになったりするなど，激しい行動が表出しているケースにおいて特に有効であると考えられます。また，気持ちの表出に課題のある場合においては，自己否定感の強い状態にある児童に有効なアプローチでした。

❷ 担任だからこそできる多様な支援

　2つ目の観点として，「担任だからこそできる多様な支援」が挙げられます。具体的な2つのアプローチとして，①担任による多様なかかわり，②思いやりのあるクラスづくり，が挙げられます。それぞれについて詳しく見ていきましょう。

① 担任による多様なかかわり

　第2章で提示した事例において，ほぼすべての相談に対象児童の担任が参加されていました。そのため，「担任による多様なかかわり」のアプローチには17のテーゼがあり，最も多くなっています。学年による偏りはありませんでした。

　また，このアプローチの多くが見られたのは，衝動性に課題のある児童への対応でした。児童の衝動性が高い状態にあるとき，どうしても児童の行動を制止，抑制するかかわりをせざるをえないときがあります。しかし，制止，抑制するかかわりばかりでは，児童に自己否定感の強い状態が生じてくることが推察されます。だからこそ，児童にさらなる自己否定感が生じないように，担任が多様なかかわりをしようと工夫しているといえます。

　担任の多様なかかわりが含まれている17のテーゼなのですが，それらをそのまま並べてしまうと，その内実が見えにくくなっていきます。そこでカテゴリー化を行いました。結果，（1）児童の自発性を尊重するかかわり，（2）児童が安心感をもてるかかわり，（3）児童が表現しやすくなるかかわり，（4）児童とのコミュニケーションが促されるかかわりの4つに分けることができました。以下，4つのかかわりについて，関連するテーゼとともに具体的な内容を示していくこととします。

（1）児童の自発性を尊重するかかわり

> ・児童も教師も余裕が持てる環境を創っていこう（Case2）
> ・児童が主体的に取り組める活動を見出していこう（Case14）
> ・援助を減らして，自発的な行動を促してみよう（Case21）
> ・児童が学習を楽しむという根本に立ち返ろう（Case37）
> ・目的のためにやり遂げる経験を積み重ねていこう（Case41）

　対象児童が衝動性を抑えきれない背景には，何をやってよいのか分からず苛立っていることや，授業で楽しいことがほとんどない場合もあります。また，担任の指示がないと動けないような，受け身の姿勢が強くなっている状態にある児童もいます。これらいずれにおいても，学校での活動に見通しが持てない，面白さを見出せていないことが分かりました。

そこで，児童が自発的に学べるように，興味のあるものを取り入れた環境を創り，行き過ぎた援助を減らし，活動を児童に委ね，見守っていくことなどによって，対象児童が自発的に課題に取り組めるように支援していきます。

　活動していく中で，学校生活に多少なりとも楽しみが生まれてくることが期待されるアプローチです。さらに，こういった自発性を促す取り組みを重ねていく中で，児童が達成感を味わうことも目指されています。

（2）児童が安心感をもてるかかわり

> ・人とのかかわりの中で安心感を得られるようにしていこう（Case4）
> ・どう行動すればよいのかを一緒に考えていく姿勢をもとう（Case5）
> ・学校生活の拠点になる人になっていこう（Case7）
> ・児童と対話して，一緒に解決策を考えよう（Case8）
> ・周囲との関係の中で，自分をコントロールしていけるようにしよう（Case18）

　児童が不安定な状態にあるときであっても，何かを触って安心を得ようとしたり，自分の好きな世界に入っていくことを通して，落ち着きを取り戻そうとしたりする姿があります。児童本人も不安な状態にいることは辛く感じており，そこから逃れようとしているのです。

　心地よいモノの感覚に頼ったり，自分の世界に籠ったりするなどして，児童自身にとって安全なところにいようとすることも1つの手立てとして認めていくのはよいのですが，人との関係を通して安心感をもてるようにしていくことも，諦めることなく取り組んでいきたいかかわりです。

　児童自身の気持ちを担任はじめ身近な他者に受け止められることを通して，落ち着きを取り戻せた経験を一緒にすることが，児童が人との関係の中で自分をコントロールすることに，徐々にではありますがつながっていきます。

（3）児童が表現しやすくなるかかわり

> ・児童の気持ちが表現できる工夫を考えてみよう（Case6）
> ・児童の気持ちを声にして表現してみる機会をつくろう（Case33）

　衝動性に課題のある児童に対するかかわりを主とするものと異なり，このかかわりは学習場面で見出されました。対象児童の中には，学習内容がよく分からないで困っていることや，自身の考えをどう伝えればよいのか分からないでいる場合があります。分からないでいることを

教師や友だちに尋ねられたらよいのでしょうが，受動的な姿勢が身についているせいか，表出していくことには難しさがあるようです。

　学習場面の中で，分からないことが聞けるようになることは1つの目標ではありますが，その手前の生活場面や遊びの場面で，自分の気持ちを声に出していくことから始めてみるのが1つのアプローチとなりました。また，言葉で伝えるだけでなく，サインなど非言語の面も通して表現していける工夫をしていくこともあります。ただし，サインを受け取る側がサインと認識しなくては，サインになりません。児童が表現をしやすくなるような工夫をした上で，その表現をキャッチしていく教師の姿勢も問われています。

（4）児童とのコミュニケーションが促されるかかわり

・言葉で指導しすぎず，児童にとって分かりやすい伝達方法を探ろう（Case9）
・声かけするタイミングを意識してみよう（Case16）
・児童が落ち着いている状態のときに目標を共有しよう（Case17）
・児童の役割を具体的に伝える声かけや指示を心掛けよう（Case19）
・ねらいを意識しつつ，児童の状態に合わせて内容を調整しよう（Case35）

　このかかわりは，衝動性に課題のある児童になされた対応の中で，小学3年生以上にみられたかかわりです。学年が上がってきた段階で見出されたかかわりで，児童とのコミュニケーションをより促していきたいという意図が教師にあると考えられます。

　対象児童が落ち着きを取り戻せていない状態のときに，こちらからどれだけ声をかけたとしても，全くと言っていいほど児童に届かず，一方的なかかわりとなってしまいます。児童に伝わりやすいタイミングや状態があり，それを教師は見極めながらかかわっていく必要があります。トラブル等があった後に，少し間をおいてから話すと，対象児童もよく聞いて，こちらの話したことを理解してくれた経験のある方もいらっしゃるのではないでしょうか。学年が上がっていくにつれて，対象児童自身も怒りすぎたり，苛立ちすぎたりしてはいけないということは頭の中では分かっているのですが，それを止められないときがあるのです。

　また，対象児童にこちらの思いや意図を伝えていく際には，分かりやすい方法を考えていく必要があります。注意をしなくてはいけない場面では，ついつい，言葉による指導が多くなってしまいますが，本来は児童自身で自律的にコントロールできた方がよいのですから，こちらの働きかけは，できるだけ端的に，具体的に伝えた方がよいと考えられます。視覚的な構造化などよく知られている手立てを用いてもよいでしょう。対象児童一人ひとりにとって，分かりやすい伝達方法を探っていくことが必要です。

② 思いやりのあるクラスづくり

　このアプローチは，特別な教育的支援を必要とする児童と同じクラスで学校生活を送っている児童を中心に，対象児童の友だちとのかかわりを促すことで，協同的な活動を生み出そうとする，クラス担任ならではのかかわりです。

　第2章で見出されたテーゼのうち，「思いやりのあるクラスづくり」のアプローチとして，以下の5つがありました。

・児童の間で思いやりが生まれてくる環境を創っていこう（Case26）

・対象児童なりのコミュニケーションを受け入れるクラス環境を創ろう（Case28）

・失敗しても大丈夫と思えるクラスづくりをしよう（Case29）

・児童同士の相互理解を深める取り組みをしていこう（Case31）

・児童同士のつながりで行う活動を増やしてみよう（Case38）

　対象児童が困っていながらも，周りの児童に対しても援助を求めていない状態であり，かつ，担任の指示がなかったとしても，クラスの児童たちが自然とサポートをしているところにこのアプローチの特徴があります。

　この背景には，周りの児童たちの学年が進むにつれて，徐々に人を思いやる力がつき，それを実践できるようになってきたことが挙げられます。実際，このアプローチが見出されたのは，小学2年から4年までのクラスでした。障害ということを徐々に知り始める時期だと思われますが，障害があるかどうかを前提とすることなく，困っている人がいたら手助けするというシンプルな思いやりが発揮されやすい発達段階であると考えられます。

　さらに，このかかわりが多く見られたのは，気持ちの表出に課題のある児童の相談にかかわるカテゴリーでした。担任が普段から困っている人を手助けすることや，思いやりの気持ちを意識されているクラスにおいて，このアプローチが生まれてくると考えられます。周りの児童は，対象児童に対する担任はじめ教師の対応をモデルにして，よく見ていることが分かります。この点からも，担任が思いやりのあるクラスをテーマとした運営をしているかどうかの重要性が示唆されます。

　ただし，対象児童を手助けする児童がほぼ毎回同じ児童で，固定化されてしまうことが時々見られます。対象児童のお世話係がいるような状況になってしまっているのです。対象児童がクラスで問題なく過ごしているようにみえるのですが，クラス全体ではつながりが生まれていないこともあります。対象児童の周りの人間関係が固定化された状況に陥らないようにしていくことも担任には求められています。

❸ 学校内外の環境を活かした支援

　3つ目の観点として，「学校内外の環境を活かした支援」が挙げられます。具体的な2つの手立てとして，①教室環境を整える，②教職員・保護者等との連携，が挙げられます。それぞれについて詳しく見ていきましょう。

①　教室環境を整える

　特別な教育的支援を必要とする児童の机やロッカー周りを見てみると，鉛筆や本などが散乱しているとともに，机の上には授業とかかわりのないものが置かれているような状況が多く見られます。授業を受ける環境が整っていないのに，学習支援をしていく事態は難しいはずです。

　教室全体が整理整頓されていないことも，対象児童にとって刺激になってしまうこともありますし，クラス全体にとってもよい影響をもたらすとは思えません。基本的なことではあるのですが，行動面であれ学習面であれ，何らかの課題を抱えている児童に対しては，教室環境を整えることから支援をスタートすることになります。

　第2章で見出されたテーゼのうち，「教室環境を整える」アプローチとして，以下の4つがありました。

> ・その子が納得して行動できる環境によるアプローチを見つけよう（Case11）
> ・やることが分かる授業環境を創り出してみよう（Case15）
> ・枠組みある環境からのアプローチを探ってみよう（Case20）
> ・目標となる活動が見える教室環境にして，児童と共有しよう（Case40）

　対象児童の散らかっている机周りの環境をみれば，担任等の教師が片付けるように指導をしていないはずはありません。それにもかかわらず上手くいっていない場合には，児童本人が片付けをしにくい理由があるはずです。相談事例においては，教室環境にある刺激に反応してしまうケースや，大人の指示待ちになってしまっているケースなどがありました。机の周りが大変な状況になっているという意識がある対象児童はあまりいませんでした。

　そういった状況において，本人の納得する片付け方を見つけていったり，見通しを持ちやすくするために，やるべきことを黒板等でクラスに掲示する，もしくは，対象児童の机に紙等を張るなどしたりして，これから何をしたらよいのかが分かるように環境を工夫することによって，対象児童の学校生活が過ごしやすいものになることがあります。それは，対象児童だけではなく，他の児童たちにとっても生活しやすい教室環境を創り出していくことにもつながってきます。

② 教職員・保護者等との連携

特別な教育的支援を必要とする児童の支援において，担任が大きすぎる負担を背負うことがないようにするため，学校がチームとなって支援に取り組んでいく必要性があります。また，保護者等の家族との連携をとっていくことは，対象児童の理解を深めていくことや，学校と家庭で一貫した支援をしていくことにつながっていきます。

第2章で見出されたテーゼのうち，「教職員・保護者等との連携」のアプローチとして，以下の5つがありました。

・家庭と連携し，情報や目標を共有しながら支援を進めていこう（Case10）

・二次障害を伴う状況に対しては学校として対応しよう（Case12）

・多角的な視点から連携し，児童の課題を明確にしよう（Case23）

・児童の理解しやすい手立てを保護者と共有しよう（Case32）

・児童の育ちを保障し，最善の学びのかたちを見つけよう（Case42）

担任だけでなく，ＴＴや支援員，コーディネーター等の対象児童にかかわる教師は，少しの時間を見つけてでも困ったことがあれば相談し，共有した方針のもと，児童とかかわるようにしていく必要があります。担任から対象児童に関する情報を，周りの教師に伝えていくことはもちろんですが，担任からは見えていなかった対象児童の姿を周りの教師に見せてくれることがあり，そこから支援がさらに展開していくことが期待されます。

特に，対象児童の二次障害が生まれている状況においては，教室内外での対応に，担任が疲弊していく可能性があります。そうならないように，校内委員会において関係する教師が状況を共通理解していくことが必要です。また，児童への対応は担任が中心とし，保護者の対応はコーディネーターやＳＣが担うといったように，役割分担をしておくことも有効です。

また，保護者とは可能な限り連携していくことが重要なことはいうまでもありません。宿題等の家庭学習において，対象児童に学習内容をどのように教えていけばよいのか悩んでいる保護者もいます。学校でやっている方法を家庭と共有していくことで助かる保護者もいると思われます。さらに，学校での姿とは違う面を家庭では見せる児童もいるでしょう。コーディネーターやＳＣによる窓口を設け，いつでも対象児童の保護者が相談しやすい体制をつくっておくことが求められます。

一方で，多くの相談事例で見てきたように，通常学級に在籍するべきか，特別支援教室に在籍を変えるべきかどうかに悩む保護者は多くいます。さらに，両親やきょうだい等の状況を含めて家庭環境が複雑な状況にある場合もあります。そういった状況を踏まえながら，対象児童にとって何がよい学習環境となるのかを一緒に考える姿勢が求められています。

❹ まとめ

　ここまで，第２章の相談事例から見出された，児童の立て直しを支えるための３つの観点と６つのアプローチについて詳しく述べてきました。これを全体として図式化したのが，下の図９になります。

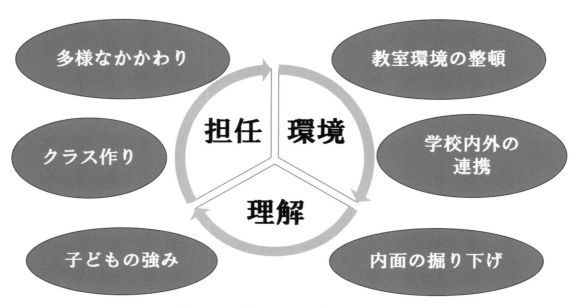

図９：３つの観点と６つのアプローチの全体像

　専門家による相談を通して，「深い児童理解に基づく支援」，「担任だからこそできる多様な支援」，「学校内外の環境を活かした支援」の３つの観点を基盤として，６つのアプローチがなされていることが見出されました。第１章で示した専門家が学校現場をみるときの４つの視点を超えて，特別な教育的支援を必要とする児童の担任等，関連する教師との対話を通して生まれてきたこれらのアプローチは，現場に沿ったものとなっています。

　図９において示されている，３つの観点の周囲にある矢印は，お互いに相互作用しながら，児童への支援が更新されていくことを示しています。例えば，深い児童理解が担任によるかかわりに影響を与えるとともに，担任のかかわりを通して，新たな児童理解が生まれてくることがあるということです。また，環境面でのアプローチを通して，新たな子ども理解や，担任によるかかわりが生まれてきますし，その逆も成り立つでしょう。これら３つの観点の関連性の中で，対象児童に対する新たな支援が組み立てられていきます。これらが好循環を生み出せば，充実した支援が展望されます。一方で悪循環に陥ったときは支援が進まず，硬直化してしまいかねません。そういったときにこそ，専門家等の外部の観点が求められます。

第2章で示した相談事例は，対象児童の課題となるある1つの行動に焦点化した支援を検討したため，各事例に1つのテーゼを提示することとしましたが，実際には，対象児童一人ひとりの状態をまるごと捉えて，その状態に即したアプローチがなされています。それぞれの事例において最後に示した，包括的な支援ポイントは，焦点化された行動以外の面に対してなされていたアプローチを示したものです。ですので，先に示した3つの観点の関連性と同様に，アプローチ1つ1つは独立したものとしてではなく，対象児童に対して複合的なアプローチがなされてきました。

　このような観点とアプローチに基づく専門家との相談による支援を通して目指されてきたのが，児童の立て直しを支えることでした。第2章での相談事例に見られたように，学校生活の中で様々な課題を抱えており，なかなか自分の思い通りにいくことが少ない児童たちでしたが，彼らなりの生きる力をどうにか駆使して，授業に参加しようとしたり，友だちと仲良くしようとしたりなど，自身の学校生活をよくしていきたいという気持ちの芽はそれぞれの対象児童にありました。

　その気持ちの芽が誰にも気づかれないまま時間が流れていけば，その芽は徐々に消えていくとともに，対象児童の自己否定感が強く出てくることになるでしょう。学校生活に対してもネガティブな姿勢をとるようになってきます。もちろん，教師をはじめとして，周囲の人たちが対象児童の気持ちを大事にしていきたいという思いはもっています。しかし，友だちに手を出してしまったり，問いかけに固まったりなどする児童の行動の対応に手一杯になり，その背景にある児童の本当の気持ちがどこにあるのかが掴みとりにくくなってしまいます。

　そういったときに，学校の関係者が専門家と相談をしてみることが1つの突破口になります。そして，検討を進めていく際に，児童の消えかかっている前向きな気持ちに迫っていくために必要となるのが，ここまで示してきた3つの観点と6つのアプローチになってきます。この多角的なアプローチを継続的に行うことによって，少なくとも対象児童の学校生活はよりよいものになっていきます。

　もちろん，専門家がたかだか2，3回，学校を巡回したことによって，すぐさま対象児童の行動面や学習面の課題が解決され，自己肯定感が高くなるというわけではありません。しかし，対象児童に対するいまの理解や支援の方向性が果たして適切なのかどうか，よりよいものにしていけるのかどうかを，担任をはじめとして，関係する教師が検討するきっかけになるとともに，対象児童や教師自身の抱えている課題や葛藤が整理され，悩みが多少なりとも和らげられていくことにつながるのは，筆者のこれまでの経験から実感してきました。

　教師に余裕が生まれていくことは，対象児童にもよい影響が生まれてきます。学校生活の中で折れてしまっていた児童自身を立て直すきっかけを創り，消えかかっていた前向きな気持ちを支えていくことが，その子の支援にかかわるすべての人に求められているのです。

特別支援教育の専門家と相談していくときに求められる記録

　第２章の相談事例から見出された42のテーゼをカテゴリーしていく中で，特別な教育的視点を必要とする児童にかかわる教師と専門家がもっている３つの観点と６つのアプローチについて，整理しました。そして，このアプローチを継続していくことが，自己否定感が強く出ている児童の立て直しを支えることにつながっていくことを述べてきました。

　専門家に相談することによって，対象児童のニーズに対する新たな視野が開かれたり，児童を支援する内容や手立ての確認と改善ができたりすることがあり，担任はじめ関係する教師，管理職，コーディネーターやＴＴ，ＳＣ，支援員が協働することで，対象児童やその保護者に対する学校としての対応をより弾力的で柔軟な体制にしていくことができます。

　このような対象児童に対する支援を適切なものにしていく上で，その基礎的な資料となるのがアセスメントシートであり，支援の方向性を決めていく上で重要な意味を持ちます。本書の最後に，特別支援教育の専門家と相談していくときに求められる記録について検討していくこととします。

❶ なぜ記録の充実が必要なのか

　第２章において，専門家に対象児童の状況がより伝わる記録として残せるように，「Before」と「After」というかたちで，どのように記録を改善すればよいのかを示してきました。改善するためのポイントとして，児童の立て直しを支えるための３つの観点，すなわち，「深い児童理解に基づく支援」をしていくために必要な情報や，「担任だからこそできる多様な支援」がどのようになされているのか，「学校内外の環境」がどのようであるかといったところを具体的に記していただくことを求めてきました。

　筆者のもとに届くアセスメントシートを読むと，「○○することができない」や「△△についていけない」といったように，否定的に児童の行動を捉えていて，その行動が生じる背景について，ほとんど書かれていない記録が多くみられます。こういった記録を読むと，担任やコーディネーターの先生等が余裕のない状況に追い込まれていて，対象児童の負の行動にばかり目がいってしまっている状況が推察されます。そして，アセスメントシートに書かれている他の内容や情報も含めて，その記録から，筆者なりに対象児童の置かれている状況や背景を汲み取ろうとし，問題とされている行動をどのように解決していけばよいのか探ってみようとはするのですが，限界があります。

一方で，「After」のようなかたちでアセスメントシートに記録をしてくださる担任やコーディネーターの方もいます。対象児童について，ある程度の把握ができている状況で，専門家が学校を巡回し，対象児童を実際に観察することができれば，観察後の検討がより充実したものになっていきます。というのも，専門家が観察した児童の姿と，記録で述べられている児童の状態像との間で，一致するところや印象の異なるところを担任やコーディネーターに伝えることができ，一致したところを深めて言ったり，なぜ印象の違いが生じたのかを話し合ったりなどして，対象児童に対する深い検討が可能となるからです。

　本書において，対象児童に関する記録にこだわってきた理由はここにあります。専門家が学校を巡回する回数や時間が限られている中で，まずはアセスメントシートに書かれている情報から支援を組み立てていこうとします。その情報が表面的なものに留まるならば，児童理解や担任のかかわり，学校内外の環境の３つの観点について，担任やコーディネーター等と手探りしながら話し合いを進めていくところで話し合いが概ね終わってしまいます。一方で，アセスメントシートに書かれている情報が十分に厚いものであれば，第２節に示した６つのアプローチを中心に，どのようなアプローチが児童に適切なのかを話し合うところまで，相談を進めることができます。

　同じ１回の専門家の巡回，相談でありながら，アセスメントシートに書かれている情報次第で，対象児童に対する支援の進みが大きく異なってきます。対象児童の学校生活をよりよくしていくことを目指すならば，まずその基点となる記録を充実させていくことが欠かせないのです。また，記録を充実させていくことは，教師自身の支援の振り返りや考えの整理につながっていくとともに，担任を中心として，対象児童のどういったところに教師が困っているのかを学校内で共有していくことにもつながっていきます。この観点から，対象児童だけでなく，教師自身や学校全体の支援体制にもよい影響を与えていきます。

　では，具体的にどのようなアセスメントシートの記録が求められるのでしょうか。その全体像を示していくこととします。

❷ 専門家と相談していくときに求められる記録

　表２に示したのが，本書で示した３つの観点と６つのアプローチを活かしたアセスメントシートで，そのひな型になります。専門家が相談する上で必要な情報が網羅されており，相談がスムーズに進むとともに，対象児童に対する支援がより充実したものになっていくことが期待されます。対象児童の個別の支援計画とも合わせて作成いただければ，より児童の実態を反映したものになっていくことでしょう。

　なお，個人情報を多く含むものになりますので，安全に管理することや，対象児童やその家族に関する情報を第三者に漏洩しないようにすることが関係者に求められます。

アセスメントシート　学校名（○○小）記入者（□□□□，△△）　相談回数（◎回目）		
児童氏名		学年・クラス
助言を受けたいこと（対応に困っていること）		
家族構成 家族の状況		
医学的診断 検査結果等 （あれば）		
相談状況・ 連携機関等 （あれば）		
児童の得意なこと・興味あること（学習面含む）		
児童の不得意なこと・苦手なこと（学習面含む）		
担任による支援の状況		
児童在籍クラスの状況		
児童の周りの環境／教室環境		
学校全体の支援状況		
保護者との連携状況		
前回の相談を踏まえて行った支援		

表2：アセスメントシートのひな型

アセスメントシートについての補足を以下に述べます。

　まず，担任またはコーディネーターのことが多くなると思われますが，記入者の立場も記入していていただけると（記入者欄の△印），どの視点からの記録なのかが分かりやすくなります。また，相談回数を書くことで，新規なのか継続なのかを判断できます。

　また，「助言を受けたいこと（対応に困っていること）」を明示することで，担任および学校としてどんな課題を解決したいと考えているのかが分かります。2つや3つであれば，課題が複数になっても構いませんので，焦点化してみてください。

　次に，家族構成や状況，医学的診断，検査結果，相談状況，連携機関等は，児童に関する生育歴，背景情報になります。診断や検査を受けていない場合や，SCや関係機関等に相談をしていない場合もあるかと思いますので，その実際の状況を記入してください。

　それからの7つの項目は，6つのアプローチをもとに設定したもので，支援を検討していく上での手がかりとなります。「教職員・保護者等との連携」については，「学校全体の支援状況」と「保護者との連携状況」の2つの項目に分けました。アセスメントシートに書く内容がやや多く感じられる方もいらっしゃるかもしれませんので，各項目を3つの観点に集約し，「児童理解（児童の得意なこと・苦手なこと）」，「支援状況（担任およびクラス）」，「支援環境（教室，校内，保護者）」といったかたちに簡易化することも可能です。6つのアプローチを検討していくために，必要な内容があれば問題ありません。

　最後に，2回目以降の相談の場合には，「前回の相談を踏まえて行った支援」の項目を記入してください。前回の相談で検討したアプローチがどうであったのかを知ることで，支援の継続や修正を検討していくことができます。他の項目については，加筆や変容したことがあれば，記入してください。

　以上がアセスメントシートの概要になります。このアセスメントシートの記録を基盤として，専門家の巡回・相談による，特別な教育的支援を必要とする児童に対する支援がより充実した方向性に向かうこととなります。

引用・参考文献

引用文献

・文部科学省初等中等教育局特別支援教育課（2022）.
「通常の学級に在籍する特別な教育的支援を必要とする児童生徒に関する調査結果について」
（https://www.mext.go.jp/content/20230524-mext-tokubetu01-000026255_01.pdf，アクセス日．2023-6-2）
・中央教育審議会初等中等教育分科会（2012）.
「共生社会の形成に向けたインクルーシブ教育システム構築のための特別支援教育の推進
（報告）参考資料4」
（https://www.mext.go.jp/component/b_menu/shingi/toushin/__icsFiles/afieldfile/2012/07/23/1321672_1.pdf，アクセス日．2015-6-30）

参考文献

・本田秀夫（2018）『発達障害　生きづらさを抱える少数派の「種族」たち』SBクリエイティブ
・勝浦眞仁（2016）『"共にある"ことを目指す特別支援教育　関係論から発達障碍を問い直す』ナカニシヤ出版
・鯨岡峻（2016）『関係の中で人は生きる　「接面」の人間学に向けて』ミネルヴァ書房
・森村美和子（著）／熊谷晋一郎（監修）(2022)『特別な支援が必要な子たちの「自分研究」のススメ―子どもの「当事者研究」の実践』金子書房
・大倉得史／勝浦眞仁編著（2020）『心理師，関係者，当事者のための実践テキスト　発達障碍のある人と共に育ち合う　「あなた」と「私」の生涯発達と当事者の視点』金芳堂，pp.8-28
・笹森洋樹(2023)「『通常の学級に在籍する特別な教育的支援を必要とする児童生徒に関する調査』の結果を深堀り要所解説～文部科学省調査8.8%を読み解く～」，『LD ADHD & ASD』No.35，明治図書出版，pp.10-13

あとがき

　本書は，専門家として各地域の学校を巡回し，特別な教育的支援を必要とする児童についての相談を行ってきた筆者の学校臨床をもとに執筆しました。これまでの相談を振り返ったときに，対象児童に対する支援が充実して展開されていくためには，その基盤となるアセスメントシートがどのように書かれているのかが問われていると考え，執筆に至ったのが本書の背景です。学校現場で奮闘する教師のみなさんにとって，専門家と相談するきっかけや，相談する内容の手がかりとなれば，大変うれしく思います。

　巡回に行く中で，専門家とはどのような存在であるべきかと自問自答することが多くありました。担任はじめ教師のみなさんと対象児童との間で営んできた関係の歴史があり，年に数回しか訪問しない者がその歴史を尊重しないまま，プログラムや療法ありきで，上から指導するかのように学校現場に介入することがあってはならない思います。担任をはじめ学校の関係者と共に悩みながら歩んでいこうとする姿勢を持つことは心がけてきました。

　そうすると，対象児童の問題とされる行動を改善していくことが主要な目的ではあるのですが，その行動だけを見ていては解決に至らないことが多く，その裏側にある自己肯定感／否定感の問題にまで目を向けなくてはならないことが分かってきました。さらに，教師のみなさんと相談を進めていく中で浮かび上がってきたのが，３つの観点と６つのアプローチであり，学校現場に還元していける知見が生まれるまでになりました。

　学校現場の営みから筆者自身も学ばせていただいたことばかりで，学校現場と共に歩む専門家である必要性を実感することができました。この場をかりて，各地域の学校現場のみなさま，出会ってきた児童のみなさんに，お礼を申し上げます。

　本書の作成にあたり，執筆に向けたアイデアやアドバイスを頂きました，同志社女子大学の竹井史先生にお礼を申し上げます。また，明治図書出版社の木村悠さんに大変お世話になりました。ご迷惑をおかけすることばかりでしたが，完成まで導いていただけましたことに厚く御礼申し上げます。

　今後の特別支援教育のさらなる充実に，ここまで示してきたテーゼや観点，アプローチが多少なりとも貢献することを願い，本書を閉じることとします。

　2024年3月

勝浦　眞仁

【著者紹介】

勝浦　眞仁（かつうら　まひと）

同志社女子大学現代社会学部現代こども学科准教授。
京都大学大学院人間・環境学研究科後期博士課程単位認定退学。
2014年に博士（人間・環境学）を取得。旭川大学短期大学部幼児教育学科（当時），桜花学園大学保育学部保育学科を経て，現職に至る。

専門は特別支援教育・保育。特に発達障碍のある子どもを巡る現象学的研究を行っている。様々な地域の保育所，幼稚園，子ども園，小学校，特別支援学校を訪れ，子どもたちや保育者，教師とふれ合いながら，研究を行っている。

『"共にある"ことを目指す特別支援教育』（単著）ナカニシヤ出版，『特別の支援を必要とする子どもの理解　共に育つ保育を目指して』（編著）ナカニシヤ出版，『心理師，関係者，当事者のための実践テキスト　発達障碍のある人と共に育ち合う「あなた」と「私」の生涯発達と当事者の視点』（編著）金芳堂などの著書を執筆している。

特別支援教育サポートBOOKS

専門家・コーディネーターと効果的に連携する！
困難を抱える子どものための伝わるアセスメント
シートの書き方

2024年4月初版第1刷刊 ©著　者	勝	浦	眞　仁
発行者	藤	原	光　政
発行所	明治図書出版株式会社		

http://www.meijitosho.co.jp

（企画）木村　悠　（校正）染谷和佳古

〒114-0023　東京都北区滝野川7-46-1
振替00160-5-151318　電話03(5907)6703
ご注文窓口　電話03(5907)6668

＊検印省略　　　組版所　藤原印刷株式会社

Printed in Japan　　ISBN978-4-18-355835-0

もれなくクーポンがもらえる！読者アンケートはこちらから→